见诉拆诉

一本有料又有趣的投诉处理书

谭倩◎著

企业管理出版社
ENTERPRISE MANAGEMENT PUBLISHING HOUSE

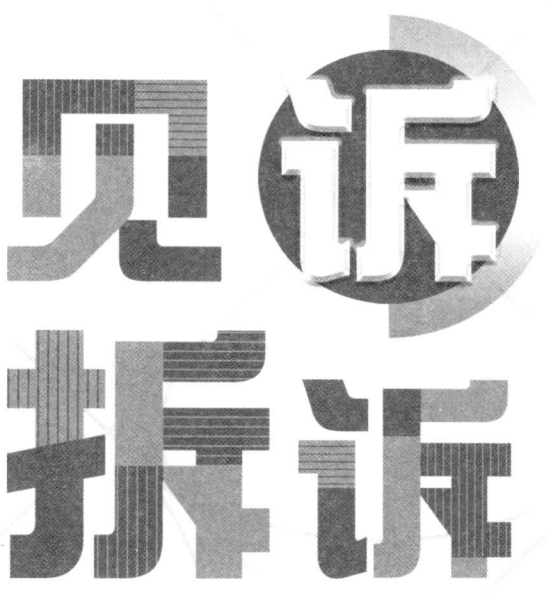

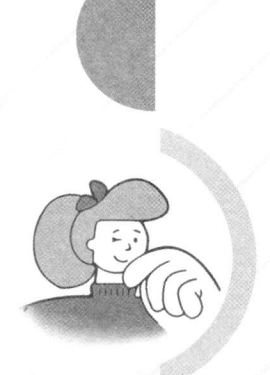

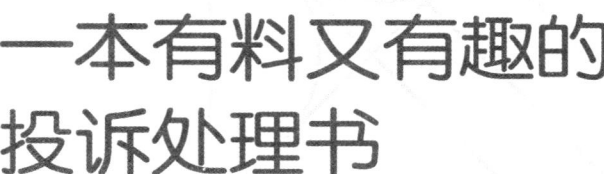

图书在版编目（CIP）数据

见诉拆诉：一本有料又有趣的投诉处理书 / 谭倩著. —北京：企业管理出版社，2024.6

ISBN 978-7-5164-3021-7

Ⅰ．①见… Ⅱ．①谭… Ⅲ．①企业管理—销售管理 Ⅳ．① F274

中国国家版本馆 CIP 数据核字（2024）第 027234 号

书　　名	见诉拆诉——一本有料又有趣的投诉处理书
书　　号	ISBN 978-7-5164-3021-7
作　　者	谭　倩
责任编辑	徐金凤　　田　天
出版发行	企业管理出版社
经　　销	新华书店
地　　址	北京市海淀区紫竹院南路 17 号　　邮　编：100048
网　　址	http://www.emph.cn　　电子信箱：emph001@163.com
电　　话	编辑部（010）68701638　　发行部（010）68414644
印　　刷	北京环球画中画印刷有限公司
版　　次	2024 年 6 月第 1 版
印　　次	2024 年 6 月第 1 次印刷
开　　本	710mm×1000mm　1/16
印　　张	15
字　　数	173 千字
定　　价	68.00 元

版权所有　翻印必究　·　印装有误　负责调换

PREFACE · 序

企业投诉处理能力提升≥客户维权意识的增长

当下服务体验经济时代已来，服务已经不仅仅是产品的附加值，客户会花钱购买服务，自然对服务的要求和期待就越高。互联网时代人人都能发声，个体力量爆发，情绪主导着群体。只要客户有手机和网络就随时可以投诉和曝光企业。企业如履薄冰，任何细小的闪失都可能造成局势被动、信任危机、被对手赶超、企业破产等负面境遇。

考验一个企业的时候往往是遇到问题的时候，客户投诉管理体现了一个企业的危机管理和问题处理能力，彰显了企业的社会责任意识，也展现了企业是否将客户服务体验管理真正落到实处。企业投诉管理与处理能力直接影响着客户忠诚度、企业对外形象与服务口碑。

然而在实际工作中时常发现，服务体验说起来重要，忙起来次要，与客户沟通不畅时甚至直接不要。企业在稳步快速发展的过程中，客户群体越来越广，客户量越来越大，在受到关注越多的同时投诉量往往也会增多。如果投诉处理能力赶不上客户持续增强的维权意识，会直接影响企业的可持续健康发展。因此需要企业投诉处理能力的提升超过客户维权意识的增长。

投诉处理好了，客户是否会满意我们不知道，但如果没处理好，客户一定会不满意；投诉处理好了，是否能让客户复购我们不可预知，但如果没处理好，一定会促使客户流失；投诉处理好了，是否能让客户转推荐我们难以预测，但如果没处理好，有可能会产生一个企业预料之外的极端负面事件。

从闻诉色变到见诉拆诉

投诉场景无定式，投诉客户各不同。见过太多闻诉色变、闻诉匿迹的情况。为何听到投诉面露难色？为何客户投诉无门，被踢球式地避而不见呢？因为投诉客户难沟通，不想被客户骂，不想客户一不开心把自己也投诉了。

培养专业的投诉处理人才已然成了企业管理重要的工作之一。投诉处理人员如果没有正确服务认知，便难以有效践行企业服务管理策略；如果深陷服务意识陷阱，那么所提供的服务只是在执行自己的服务偏好；如果投诉处理人员认为服务制度是投诉处理的束缚，那么管理规则形同虚设；如果安抚客户就是机械与重复的话术，那么企业服务必然是没有温度的；如果应诉沟通都是生硬、消极且不变通的表达，那么客户服务体验肯定不佳，只会激化客户与企业之间的矛盾；如果用千篇一律的话术能作为应诉救命稻草，那就不会有投诉升级之说了；如果不能有效舒缓投诉处理人员情绪，那么一个满腹抱怨的投诉处理人员难以让一个客户转怒为喜。

投诉与危机前置管理固然能有效防控投诉案件，但是难以实现零投诉。在我看来，一个企业往往只有在两种情况下可实现零投诉。一种是企业的投诉认定标准不高，另一种是企业已进入生命周期尾端，客户已不再关注企业。因此，投诉管理既有赖于投诉管理机制，也取决于员工见诉拆诉的投诉处理能力。

见诉拆诉，是一种淡定自若的应诉心态。遇到复杂投诉案件，能够冷静慢思考，高效快行动。投诉处理人员与客户沟通时，除了回应事情本身外，往往还会有自己的情绪反馈。专业投诉处理人员能拆解情绪与事实，回应事实但不传递自己负面情绪避免激发矛盾；专业投诉处理人员不情绪化表达，但会合理表达情绪；专业投诉处理人员不被客户情绪控制，能体察内在情绪同时关照客户感受。所有淡定自若的应诉，都源自内在的强大与自信。

见诉拆诉，是从容应诉的专业才干。把投诉处理岗位的基本胜任力转化成为应诉专业才干，需要在服务中有无须提醒的自觉，能将见诉拆诉的理论知识灵活自如运用在投诉处理实践中，并将见诉拆诉的能力迁移运用在各种投诉场景中，能够萃取与总结应诉经验，需要对这份工作拥有热爱与坚守。

见诉拆诉，是体系化赋能后的成果。投诉处理的能力是一个复合系统，不是一种简单的技能，首先我们要有系统的思维，才可能有系统的方式，进而找到见诉拆诉的办法。投诉处理不仅仅要和客户做好沟通，也不是单单需要洞察客户需求，如果我们站在高处去看投诉处理的能力图景，你会发现它是一个广袤的、体系化的能力图谱。

本书从服务认知力、投诉处理觉醒力、应诉原则力、客户安抚力、投诉处理"言值"力、客户应对力、疑难投诉场景应对力、情绪管理力八个维度，系统全面地剖析见诉拆诉的方法。

见诉拆诉——一本有料又有趣的投诉处理书

愿您有"哈""嗯""哦"的收获

希望通过这本书能给大家带来"哈"一下的快乐,"嗯"一下的共鸣,"哦"一下的知识晶体。

"哈"一下的快乐

投诉处理工作既是脑力型劳动,又是体力型劳动,更是情绪型劳动。本书虽然是一本工具书,但也希望能给读者带来轻松、愉快的阅读感受。因此本书文风在坚持工具书严谨度的同时尽量兼顾文字的趣味性，配合插图的置入，愿您收获"哈"一下的快乐。

"嗯"一下的共鸣

我自己也是从投诉处理一线岗位成长起来的一位客服人员，十分理解大家可能会遇到的困惑、迷茫与挑战。本书中的所感所悟源自工作实际经验，有些案例也源自在课堂上行业同人的共创。愿您能在本书中找到"嗯"一下的共鸣。

"哦"一下的知识晶体

越深入研究投诉管理，越发现投诉处理这件事可谓"不问自知，深究不明"。这个就像我们对自己家的认知一样。家是每个人最熟悉的地方，然而课堂上我问学员家里有多少扇窗户时，大家却很难一下子答出来，而是在脑子里计算汇总各房间的窗户数量总和。这个窗户具体数字的知识晶体，大家往往难以脱口而出。

每个投诉处理岗位同人都是知识经验个体，投诉处理虽有挑战，但我也相信大家在工作中能独当一面。期待通过我自己对多年投诉处理经验的萃取与总结，让大家能在书中收获"哦"一下的知识晶体。

见字如面，感恩于心

感谢我曾经接待过的所有投诉客户。不经历无以成经验，因为在工作中与你们的遇见，才能有这本书的出版。

感谢引领我前进的灯塔。感谢行业各领导、行业同人对我一直以来的指引和帮助，也十分感谢为书籍出版忙前忙后的各位出版老师们、

见诉拆诉——一本有料又有趣的投诉处理书

插画老师。

　　感谢家人对我工作的全力支持。尤其感谢我的女儿，为书籍插画献计献策，给予我工作与生活无限动力（督促我写稿）。也借本书，愿女儿能坚定自己的目标，为目标实现找方法，不为困难找借口。愿与女儿一同成长，遇见更好的自己！

谭倩
2023 年 10 月 7 日

第一章
服务认知力，服务哲学七问

004　　问题一：我是谁、我是做什么的、我将去向哪儿
007　　问题二：你提供的服务是服务吗
010　　问题三：优质服务是怎么来的
012　　问题四：服务应该处理到什么程度才叫好
015　　问题五：怎样才能实现零投诉
019　　问题六：如果投诉处理是场演出会怎样
020　　问题七：你是哪种类型的投诉处理人员

第二章
投诉处理觉醒力，谨防意识陷阱

029　　陷阱一：服务目标不明晰
034　　陷阱二：被投诉就摆烂
035　　陷阱三：易忽视的服务分歧

037		陷阱四：无法认同"难缠"客户
040		陷阱五：服务权力结构混淆
042		陷阱六：与客户辩对错
044		陷阱七：权力有限是投诉处理的劣势
045		陷阱八：我处理不了
047		陷阱九："应该"思维
050		陷阱十：投诉处理不应有情绪

03 第三章
应诉原则力，降低客户不满意

055		原则一：迅速受理原则
058		原则二：可感知原则
060		原则三：省力原则
063		原则四：首问责任制原则
066		原则五：以诚相待原则
067		原则六：一致性原则
069		原则七：换位思考原则
071		原则八：可回溯管理原则
072		原则九：服务红线原则
075		原则十：反馈原则

目录

第四章
客户安抚力,跳出投诉"口水战"

- 079　倾听增量思维
- 090　学会正确道歉
- 095　巧妙运用赞美
- 105　同理心安抚
- 110　用询问代替指责

第五章
投诉处理"言值"力,提升服务体验感知

- 116　紫格尼克效应法
- 120　因为所以法
- 121　从众心理法
- 124　损失厌恶偏好法
- 125　互惠原则法
- 127　替换法
- 129　冷热水效应法
- 130　"Yes and"法
- 131　三明治法
- 133　黑白脸法
- 135　搁置法

137		示弱法
138		以退为进法
140		登门槛效应法
141		权威第三方法
144		最后通牒法

06 CHAPTER 6 第六章
客户应对力，从容处理各类投诉

153		情绪型客户——蛮蛮
161		挑剔型客户——茬茬
168		纠缠型客户——牛二
172		理智型客户——冷静
176		涉媒型客户——威震

07 CHAPTER 7 第七章
疑难投诉场景应对力，灵活应对各种投诉

185		客户要求立马解决你处理不了的问题怎么办
186		客户急切地催复处理时间如何应对
187		客户不听你的怎么办
188		拒绝的话在心口难开
188		客户无法理解你怎么办

191	客户投诉时反复说竞品的优势该怎么办
192	反复沟通后客户依然拒绝你的建议怎么办
193	客户求偿索赔怎么办
195	客户索要精神损失费怎么办
196	网络"大V"的投诉如何应对
198	耗时费力还是无法说服客户怎么办
198	投诉客户坚持现场讨要说法不愿离开怎么办
199	如何有效应对群体投诉
201	客户在企业现场直播投诉怎么办
202	客户当场要投诉你怎么办

08 CHAPTER 8
第八章
情绪管理力，修炼自我情绪容器

208	识别情绪容器临界点
210	安抚你的杏仁核
212	情绪 ABC 理论
214	倒数情绪降温法
215	矛盾意向法
216	降低重心法
217	价值让渡法
218	归零复位技术
219	欣赏式探寻

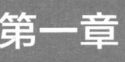

第一章

服务认知力，
服务哲学七问

古希腊哲学家苏格拉底曾说过：未经审视的人生，是不值得过的。未经审视的工作，值不值得做我不知道，但不瞎忙、不迷茫才怪！本章透过七个服务哲学问题，一起审视下我们的客户服务工作。

第一章　服务认知力、服务哲学七问

传统观点通常将服务聚焦在服务业上，然而随着市场环境的发展，服务已融入各行各业并起着越来越重要的作用，成为企业增加产品附加值、实现差异化战略，进而获得竞争优势的重要途径。随着服务体验经济时代的到来，各行各业工作岗位也基本具备了服务属性，客户开始为服务买单。

考验一个企业的时候，往往是客户遇到问题的时候；考验企业员工的时候，也往往是处理疑难投诉问题的时候。为提升客户体验，加强客户与企业黏性，企业会对服务部门、接待窗口等提出各种服务要求与投诉控制指标，然而，这些投诉问题如果都这么好处理，客户也就不会来投诉了。

因此我们发现，企业会闻诉色变，投诉处理人员往往很"忙"也很"茫"。忙于接待应接不暇的客户投诉；忙于各种投诉案件的处理；忙于经营各种 KPI（关键绩效指标），如满意度、投诉率、客户挽留率、购买转化率、质检合格率、处理时效、一次性问题解决率等。茫于处理各类投诉，似乎我们变成了客户的情绪回收站；茫于兢兢业业服务客户，最后一起投诉案件影响业绩达成；茫于这种茫然循环往复，日复一日。

谁的青春不迷茫呢？毕竟成年人的世界除了长胖容易，其他都是

见诉拆诉——一本有料又有趣的投诉处理书

不容易的。古希腊哲学家苏格拉底曾说过：未经审视的人生，是不值得过的。未经审视的工作，值不值得做我不知道，但不瞎忙、不迷茫才怪！哲学家无法烤面包，但他们有经世济民的"大用"。人无面包不能活，人无思想，即便活也不精彩。生活因思想而精彩，思想因生活而丰富。通过哲学思考，探寻工作与生活的厚度与意义。因此第一章就和各位读者透过七个服务哲学问题，一起审视下我们的客户服务工作。

 **问题一：**
我是谁、我是做什么的、我将去向哪儿

苏格拉底认为哲学最大的课题是"认识你自己"。他经常会思考诸如"我是谁？""我是做什么的？""我将去向哪儿？"这样的哲学问题。在服务的哲学七问中，首先也想问大家，在提供服务时"你是谁？""你是做什么的？""你的职业生涯将去向哪儿？"你可以把你的思考写在下方横线上。

_____

_____

_____

第一章 服务认知力，服务哲学七问

做职业讲师的这些年，去了不少企业，我发现保安大哥似乎对这些哲学问题研究得很透彻。因为我每次去企业大楼，都会被保安大哥问："你谁啊？""你是来做什么的啊？""你去哪儿？"

这些哲学问题可谓不问已明，一问不知。不难发现它们看似简单实则不易作答。哲学是人生路上智慧的结晶，作为服务从业者，这些答案隐藏在被无数客户"虐"过的投诉里；它隐藏在帮客户解决的一个个难题中；它隐匿在为客户服务的日与夜里。沉浸越深、投入越多、坚持越久，你的答案才会越发深刻。

我是谁？我们是服务从业者，也许我们答案一致，但不同人、不同时间回答的心境往往不一样。我的第一份正式工作是在银行做客服，不知你是否和曾经的我一样，回答时内心对服务工作是极其不屑的，但就是这样一份曾经让我不屑的工作，我都做不好。当面对一位男性投诉客户时，我可以紧张到问候他"女士您好！"。随着自己在服务领域不断沉淀，才发现过去的骄傲多么无知；当下作为服务行业"老兵"，我可以很骄傲地回答这个问题："我是服务从业者！我是客服人！"我深知其中不易。客户服务工作是一个知识型工作，它需要我们熟悉企业产品、拥有专业知识等；它是一个劳动型工作，需要我们付出实际行动帮助客户解决问题；它是一个情绪型工作，需要我们管理好自己的情绪并安抚好每一位客户的情绪。

我是做什么的？我们做什么取决于客户服务在企业中的定位与价值。就拿当下的客户联络中心来说，它在企业中不仅仅是客户服务中心，也是业务处理中心、品牌形象展示中心、人才培养中心、风险预防中心、公司质量监督中心、调度中心、成本节约中心、流程梳理中心、信息决策支持中心等。今天的客户服务人员没有十八般武艺是不

· 005 ·

行的。我们需要的是"变脸"大师，上一秒哭，下一秒立刻微笑接待客户；我们需要的是谈判专家，在客户的异议中维护好企业和客户利益，在有限的权力范围内，为客户提供最佳服务体验；我们需要的是心理咨询师，能洞悉人心，知客户者莫若客服人；我们需要的是 AI 机器人训练师，人家遛狗，我们训机器人，赋能 AI 智能更好地服务客户。服务真不是 人 干的活，但一定是 人才 做的事。

客户服务行业未来会去向哪儿？ 未来随着 AI 智能不断加持，简单基础业务也许会被取代，但我想对于复杂投诉的处理，机器人还难以胜任。解决任何一个棘手问题，都需要先处理情绪，再处理问题，这种人与人情感的交流，是机器人难以替代的。即便聊天机器人能具备更多人类的同理心与换位思考能力，但客户往往还是期待对面是一个真真实实的人，来急他之所急，帮他共同解决问题。

与客户的沟通不仅是语言上的你来我往，更是情绪上的互动交流。未来客服行业会去向哪儿，这个问题没有固定答案，有待我们客服人

第一章 服务认知力，服务哲学七问

共同去寻找，但有一点可以确定的是，现在让你很头疼的投诉应对与处理，未来会是我们的核心竞争力之一。牛顿曾说：我之所以比别人看得更远，那是因为我站在了巨人的肩上。对客户服务者而言，我们的成功是站在了无数投诉客户的肩上。不经历无以成经验，处理投诉问题是在为我们职业生涯赋能。

 问题二：
你提供的服务是服务吗

作为服务从业者，我们每天都会为客户提供服务，那么到底什么是服务呢？你可以把你的思考写在下方横线上。

_____

如果你身旁有伙伴一起在共读这本书，看看其他伙伴的答案，以

见诉拆诉——一本有料又有趣的投诉处理书

过去在课堂上调研这个问题的经验来看，我相信大家的答案各不相同，各有各的理解，各有各的认知。因此，我经常会延伸性地问客服伙伴们："大家觉得路边卖的早餐算不算服务？"有的伙伴会说算，因为它填饱了肚子、它不用洗碗、它节省了时间、不用自己做、早上可以多睡会儿、老板很热情、每次多给葱花等；有的伙伴会说不算，因为他们觉得这是等价交换、路边摊不好吃、路边摊不卫生等。不管认为是服务，或认为不是服务，大家都各有各的道理。回想下我们在判断路边摊是不是服务时，我们站的是什么视角？不难发现，我们是站在客户视角审视这个问题。那我们每天提供给客户的服务是服务吗？伙伴们往往斩钉截铁地告诉我是服务，因为我们都是站在服务提供者的视角在回答这个问题。

到底什么是服务呢？社会、企业、学者都对它有很多定义。我就不在书中断言下定义了。但是判断我们的服务到底是不是服务，至少需要包含两个关键要素。首先，我们提供的服务是否站稳了客户视角。

第一章 服务认知力，服务哲学七问

我们的工作任务是服务客户，我们的工作结果是让客户满意。我相信我们每位客服人都希望自己每天工作任务能变成工作结果。比如，我们在接听客户电话时，客户问题比较多，当你看到通话时间越来越长时，明明感觉客户还有问题，但还是忍不住问了句客户："请问还有什么其他可以帮您的吗？"当我们说出这句话时，内心想得更多的是请客户尽快结束通话，此刻我们是在完成服务工作任务。其次，我们的服务需要给客户有收益的感觉。我们在判断路边摊是不是服务时，所有回答"是"的人往往都是体会到了这份早餐给他们带来的收益感觉。注意，我这里说的是收益的感觉，这种感觉并不一定是给客户带来了实实在在的物质收益，它更是一种体验和感觉。专家级客服人员与普通客服人员区别在哪儿？很重要的一个区别就在于普通客服人员往往思考的是如何满足客户要求，专家级客服人员考虑的是如何给客户收益的感觉。

服务就是站稳客户视角，给客户收益的感觉。

见诉拆诉——一本有料又有趣的投诉处理书

客户服务工作做得好坏，很多时候我们会去参考满意度这项指标，它是我们工作成果的体现之一。那么客户满意度真的是客户为我们的服务在评分吗？你们身边是否有这样的经历，客户致电咨询问题，客服回答错误，质检评分不及格，但是客户体验感非常好，给客服按了非常满意。有时客服依规定回答客户，解释并无错误，也没有服务态度不好，但答案非客户所想，他也会评价不满意。仔细想想这个问题，其实客户是在为他的服务体验感受评分。

"3" 问题三：
优质服务是怎么来的

提供优质服务，是每个企业的使命，是服务提供部门的责任。各企业会用很多举措来提供优质服务。如果用一个公式来总结：优质的服务＝可控性服务＋创新性服务。

第一章 服务认知力,服务哲学七问

<u>优质的服务是被要求来的</u>。它往往潜藏在规章流程制度设计中,也就是公式中提到的"可控性服务"。记得 2016 年 12 月,我去大连讲授一个应诉技巧提升的课程,凌晨过了才到酒店。前台人员在帮我办理入住的同时,询问我第二天早上几点钟起床。看到这儿你是否和当时的我一样以为是酒店提供的叫早服务呢?其实他们是想询问我,是否需要送早餐到房间去。这可是只有在家才会享受到的早餐待遇啊,冬天的早晨能多睡一会儿,有人把早餐送到房间,瞬间觉得这样的差旅甚是幸福。刚好为期两天的课程都是在这家酒店里完成,课间和学员们讨论交流这家酒店服务,大家也说收到了早餐,都对这样的服务赞不绝口。在等待办理退房的时候,酒店工作人员邀请我做了满意度评价,显然我给了五星好评。试想下,这家酒店好的服务体验和口碑是怎么来的呢?真的是酒店所有服务人员都有无须提醒的自觉,主动给每个住客送早餐?全体服务人员这样执行是因为企业有这样的规定。这些好的服务体验贯穿"入住询问—送早餐执行—问卷邀约与跟进"整个服务的闭环管理流程里。高标准、严要求才能提供高品质的服务。

当然,客服人员在依循服务制度与流程执行时,有时会觉得这些要求似乎束缚了手脚,因为权力有限而倍感服务时的无奈。然而,这些服务要求之于服务,就像桥栏杆之于桥,就如楼梯扶手之于楼梯。

见诉拆诉——一本有料又有趣的投诉处理书

也许我们不会扶着它们走，但少了栏杆就没有安全感。优质服务潜藏在制度设计中，服务制度与流程是客户服务体验的保证，是预防风险的有效利器，是员工服务的风向标与标尺。

除此之外，优质服务还取决于客服人员创造性的服务。同样一个类型的客户投诉，有的客服人员可以把投诉变成建议或咨询，有的客服人员直接让投诉升级为重大涉媒投诉等。都是依循同样的服务制度体系对外提供服务，但是客户服务体验与反馈却完全不一样。优质的服务还取决于客服人员创造性的服务。这种创造性的服务体现在很多方面，比如他们在服务沟通中的思考、准备及沟通的方式；他们在看似绝望的谈判情境下力挽狂澜、扭转乾坤的神奇表现；他们在维护企业利益情况下，在不违反规章制度要求的同时，给予客户有收益的感觉。客服人员的创造性离不开客服人员本身的努力，也有赖于整个行业、企业加强对客服人才的培养。

 问题四：
服务应该处理到什么程度才叫好

有个消费金融质检主管致电咨询了一个案例，客户拨打该公司客服热线，咨询自动还款事宜，书中将案例还原与大家一起探讨。

客服："您好，请问有什么可以帮您？"
客户："我这个月自动还款怎么没有扣啊？"
客服："可能是您余额不足导致扣款不成功。"
客户："哦、哦。"
客服："请问还有什么其他可以帮您的吗？"
客户："没有了，再见。"

· 012 ·

第一章 服务认知力，服务哲学七问

质检主管的困惑在于这通电话是否扣分？想扣分，因为客服人员只回答了表面问题，并未深入询问与解决客户问题，可能有潜在风险。客户询问未扣款原因，言外之意还是想还款的。之前未能及时还款可能已经产生滞纳金等费用，应帮客户查询、提醒并指导客户将所有欠款尽快还上，避免产生不必要的其他费用。但是质检评分标准中也未列明此种情况，又顾虑客服人员争议，毕竟质检评分也关乎着客服人员的绩效；不扣分，又担心起不到警示作用，服务品质无法保证。

上面这个案例总结起来就是客户问什么，客服人员就回答什么。依据您公司质量考评标准，类似这样的情况是否扣分呢？请您在下列横线中写上您的答案，并说明原因。

_____

_____

这个案例是否扣分我是给不了答案的，每家企业对服务的标准不一样，就如前文讲到的，优质的服务是被要求出来的，是否扣分还是取决于企业质量考评标准的设计。这位质检主管虽然问的是是否该扣分，实际上我们需要深层探究的问题是我们的服务需要做到什么程度，在服务规范中要如何设计。接下来将从以下五个服务层级与大家分享。

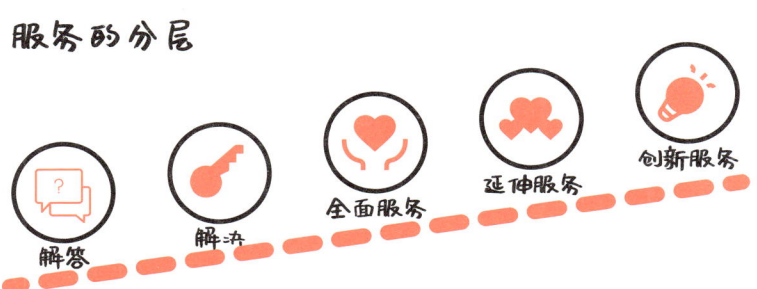

· 013 ·

见诉拆诉——一本有料又有趣的投诉处理书

第一个层级：解答。 客户问什么我们答什么，能正确及时回答客户的问题。案例中的客户虽然问自动还款为什么没有扣费，但他的潜在需求实际是还款，所以只能说客服人员回答了客户的问题。

第二个层级：解决。 一字之差，但要求服务的程度完全不一样了，不光要解答客户的问题，更重要的是解决客户的问题。

第三个层级：全面服务。 这就要求客服人员不光要解决客户问题，还要全面解决客户的问题，避免客户反复咨询的麻烦，提升服务的问题一次性解决率。

第四个层级：延伸服务。 前三个层级是客户有相关要求或潜在需求，客服人员提供不同程度的服务。第四层往往是客户并没有提相关需求，客服人员主动提供延伸性的服务，为客户提供惊喜服务。举例来说，客户致电银行客服热线挂失，突然客户电话自行挂断了，银行客服人员往往会主动回拨给客户。此项业务涉及客户资金安全，因此哪怕客户没有要求，客服人员也会主动回拨，为其提供延伸层级的服务。

第五个层级：创新服务。 这一服务层级要求更高，要求企业服务制度、流程要不断创新，更加符合客户需求；要求客服人员的服务技能专业且更加灵活贴心。

当我们把服务层级理清楚了，再回头看这个案例，如果这家企业服务质量考评标准是正确解答客户的问题，那么这通电话是不扣分的；如果要求的是正确解决问题或全面服务，那便要扣分。

那么服务到底做到哪一层才叫好呢？这个往往很难一概而论，这个要考量客户需求与企业利益，然后设计到服务规范中。 比如延伸性服务，运营管理者会考虑到惊喜服务带来的附加成本，而且客户也许

第一章 服务认知力，服务哲学七问

并不需要你的延伸服务，过度延伸反而会让客户觉得是一种打扰。我走访了很多企业，发现他们会根据企业发展情况和客户需求设定服务层级，比如有的企业会把核心关键业务设计到全面服务或延伸服务层，把一般业务设计到解决问题层面等。创新服务具有灵活性与未知性，是各企业、各客服人员追寻的目标，这类服务层级很难直接量化到质量考评标准中，它更适合设计为标准以外的额外奖励。比如要想不断创新，企业必须重视客户之声，甚至是客户当下"无理"的诉求，因为当下"无理"有可能是技术目前无法加持，流程设计不够完善，不代表未来不能实现。客服人员如果能够在服务中听取有效客户之声并提出创新提案，可给予额外奖励，以激发客服人员创新服务意识与服务行为。

 **问题五：**
怎样才能实现零投诉

听闻有些企业的服务目标是零投诉，也听闻客服人员会因没接到

见诉拆诉——一本有料又有趣的投诉处理书

投诉，认为当天就是他的工作幸运日。那么怎样才能实现零投诉呢？在我看来，实现零投诉只有两种情况：一种情况是这家企业对投诉认定的标准极低；另一种情况就是这家企业经营不善，企业与产品已无人问津。

过去人们在解读"服务"二字时，总觉得有伺候人的意味。时至今日，服务已发生了翻天覆地的变化。线下各种体验店的产生，让我们看到服务被前置化，服务营销已成为企业经营的一种重要战略。共享经济的到来，让我们看到服务变成了产品，产品变成了服务。客户愿意为服务买单，服务体验经济时代已到来。

当客户购买服务时，他更希望享受在服务之中，对服务的要求也越来越高。当服务体验感低于期望时，投诉便产生了。在互联网发达的今天，客户只要有网和手机就能随时随地投诉，客户投诉的渠道也越来越多。投诉过多，在某种程度上暴露了企业经营中的问题，然而毫无投诉也意味着客户对企业的关注度不够，无人问津。与其执着于零投诉，不如与投诉和解。

投诉是提升客户忠诚度的重要契机。真正考验企业取悦客户能力、企业与客户之间黏性的时候，往往是出问题的时候。当产品或服务体验中任何一个环节出错时，客户都需要企业帮忙解决问题。因此，客户服务是客户体验的最大考验，防止客户流失一定是客服人员的重要价值之一。客户愿意费时耗力来投诉，说明对企业还有期待，还想继续购买，愿意继续体验服务，所以客服人员的服务就直接影响着客户的忠诚度。"即便不满意，但还会在你那购买商品的客户有多少？"相关部门对此问题进行了消费者调查，调查结果如表1-1所示。

第一章 服务认知力，服务哲学七问

表 1-1 客户投诉与客户忠诚度的关系

客户类型	客户忠诚度	客户流失率
不投诉的客户	9%	91%
投诉没有得到解决的客户	19%	81%
投诉得到解决的客户	54%	46%
投诉得到迅速解决的客户	82%	18%

通过这组数据，我们不难发现，客户服务工作是可以帮企业及时止损的，毕竟一个新客户维护的成本比老客户要高得多。

投诉是免费且重要的市场信息。相信客服人员在处理客户投诉过程中，会听到客户将其企业产品与市场同类产品进行比较，会听到产品使用费力的抱怨，会接收到客户很多产品迭代优化的建议等。这些都是企业重要的市场信息，能够帮助企业更精准定位客户需求，发现产品与竞品之间的距离，推进企业发展跟上时代步伐。你必须不停地奔跑，才能留在原地。客户投诉就是企业成长赛道上的助跑器。

投诉是对企业风险预警的重要提示。客户愿意把问题投诉到客服人员这里，说明客户还想与企业继续合作，和企业还是有一定黏性的，这对企业而言是非常重要的风险预警信息。一是客户潜在流失预警。如果客户投诉问题未及时得到重视与解决，客户可能就会选择放弃企业。二是投诉升级预警。当客户对企业彻底失望时，他们往往会采取网络曝光、媒体曝光或投诉到第三方监管部门等，这样会对企业产生负面的滚雪球效应。同时也是对企业未察觉或未知的问题进行风险提醒。

投诉是促进企业管理进步的阶梯。前文提到过，优秀的服务是被

见诉拆诉——一本有料又有趣的投诉处理书

要求出来的，它潜藏在规章流程设计中。客户投诉也激发了各行各业不断去优化内部流程与制度。例如很多年前，客户要转账给其他人，银行需要查询收款人开户行。可是过去出于风险防范，必须持卡人本人致电，而且还需要通过卡号、密码，核实身份等一系列验证流程，才能告知开户银行，操作流程比较烦琐。大家如果操作过转账都知道，开户行其实就是开户网点名称，不是账号、密码等核心关键要素，难免客户抱怨。当然银行是十分重视客户体验和感受的，他们充分吸取了客户投诉意见，在风险可控情况下简化了开户行查询流程，非持卡人可以快速高效查到开户行信息了。这样的案例不胜枚举，企业管理进步得益于客户的投诉之声。我们不光要重视投诉，更不要忽视了客户当下"无理"的投诉。因为当下我们认定的"无理"投诉，有可能是目前技术还无法加持，目前规则流程有待优化，不代表它在未来无法优化与实现。

投诉是客服人员的成长舞台。客户"虐"你有多深，你的成长就有几分。冰冻三尺非一日之寒，腰厚三尺非一日之馋，投诉专家养成也非一日之功。据说苏格拉底为了修身养性，提升自己的情商与逆商，便娶了一位悍妇。有一次苏格拉底受到老婆责骂后，想出去消消气，在即将出门那一刻，他老婆一桶冷水泼向了他。苏格拉底戏谑地说："我早知道，雷霆之后必有甘霖啦！"这样想来我们客服人是幸福的，我们不需要娶悍妇、嫁悍夫去提升情商和逆商，因为我们有投诉客户就够了！

既然投诉不可避免，那么收拾好心情，沉着应对吧！记住，**没有难缠的客户，只有勇敢的客服人！**

第一章 服务认知力，服务哲学七问

"6" 问题六：
如果投诉处理是场演出会怎样

如何毁掉一首好听的歌？想必是天天听，还天天当闹铃。如何毁掉一道好吃的美食呢？想必是天天吃、顿顿吃。如何影响你对工作的激情呢？想必是天天做着同样的事情，还天天被投诉、被误解、被各种负面情绪包围。不知你是否想逃离日复一日与客户的口水战；不知你是否曾经愣是要等到电话铃响三声，才不得不接起客户电话；不知你是否每天需要通过心理建设来让自己按时上班呢？

在职业生涯旅途中，倦怠在所难免，此时的你不妨想想，如果工作是一场演出会是怎样的呢？如果酒店为顾客办理入住服务是一场演出，那会是怎样？如果销售商品是一场演出，那会是怎样？如果客服

· 019 ·

接线工作是一场演出，那又会是怎样？可能大家会觉得演绎往往有虚构成分在，但这也体现了演出者的情感投入和专业，不管表演者是生病了，还是失恋了，不管他心情如何，当他站在舞台上的那一刻，就是为了精彩而竭尽全力完美展现。如果按工作即是演出的原则做出积极的改变，相信每个客服人员都会创造出更多难忘的服务体验，在这场演出中，客户就是我们的观众，欣赏我们的演出，提升我们的演出，是我们演出的意义。愿你我能沉浸其中，并享受这场演出，每日演绎好情绪稳定的成年人。

 **问题七：**
你是哪种类型的投诉处理人员

投诉处理人员是维系企业与客户关系的桥梁，他们在工作中有两个核心关键任务目标。第一个是需要平衡好企业利益与客户需要，第二个是服务客户时需要在解决客户问题的同时满足客户的情感需要。做到这些，我们才能说将自己的工作任务变成了工作结果。苏格拉底一直倡导所有人认识自己，基于客服人员这两个核心工作关键目标，这里给大家展示两个矩阵图，看看自己属于哪类投诉处理人员，我们一起来更好地认识自己。

第一个矩阵是平衡自己与他人需要的矩阵（见图 1-1），包括以下四种类型。

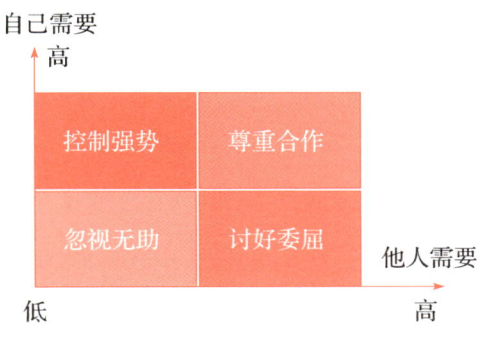

图 1-1 平衡自己与他人需要

第一类：控制强势型。这类客服人员往往更关注自身需求，注重绩效指标，同时易忽视客户体验。他们服务效率一般比较好，对服务掌控性较强，但是客户满意度就难说了。比如当客户不听解释，一直沉浸在自己的思绪里时，"先生，您听我说！""女士，打断您一下！"类似这样的话术就会脱口而出了，往往还会通过语音的变大、语调的增强，让客户感受到他的态度与情绪。

第二类：忽视无助型。这类客服人员在遇到重大疑难投诉时，往往有种无力感，认为费力说服也是徒劳，遇到无法达成共识的客户是自己运气不好。面对客户千奇百怪的诉求，不愿过多解释与安抚，往往忽视客户需求。同时也觉得提供优质服务、完成服务绩效指标受太多外界因素影响，认为自己无能为力。例如，在面对客户执意投诉自己时会说："你要投诉就投诉吧！我的工号是×××！"

忽视无助型正如美国心理学家马丁·塞利格曼提出的"习得性无助"，这往往是一个人经历了失败和挫折后学习来的，面对问题时会产生无能为力的心理和行为。塞利格曼曾做了一项经典实验，证明如果一个人觉察到自己的行为不可能达到特定的目标，或没有成功的可能性时，就会产生一种无能为力或自暴自弃的心理。同理，投诉处理人员在工作中日复一日面对复杂的投诉场景也可能会产生这种无力感。当我们有这样的感知时，不要仅仅看到困难，更应关注自己的岗位胜任力是否有待进一步提升。不要因为我们的"习得性无助"而错过遇见一个更优秀的自己的机会。

第三类：讨好委屈型。这类客服人员往往十分重视客户需求与感受，为了获得客户的理解与认可，甚至不惜委屈讨好，忽视自己的需要。不过这种委屈自己的善良，也许在他人眼里是卑微地讨好，有的客户往往会抓住客服人员这样的心理，反而会给解决投诉增加难度。都说做客服这个行业要谦卑，但我希望和大家达成共识的是要谦不要卑。例如有些客服人员一听到客户说要投诉，不管三七二十一，一上来就是低头弯腰连声说："对不起！对不起！对不起！都是我不对！"

第四类：尊重合作型。尊重就像空气，它存在的时候你毫不在意，不存在的时候你感觉会窒息。尊重不是一味迁就客户，而是从他人的视角去看他们经历的一切。也就是说，我们需要有换位思考的能力，学会去倾听对方内心的感受。比如说，"我知道您担心……""我能感受到，其实您也是希望尽快解决问题……"等类似的语言，不仅能让对方感受到被尊重，也能表达我们的同理心。

合作不是你按照我说的做，而是我们一起做。然而，生活中大部分人遇到的沟通问题,恰恰就是"你没按照我说的做"。当对方不按我们说的做的时候,人们往往会感受到失控,而失控会让人产生恐惧,就容易下意识地认为对方没有合作意识,不愿配合。然而合作不是客户必须按照我们说的做,合作意味着彼此选择空间很大,我们可以尝试各种各样的方式一起去做事。合作不是"听你的"或者"听我的",而是寻找"我们共同的方法"。

第二个矩阵是先处理情绪再处理问题的矩阵(见图1-2),包括以下四种类型。

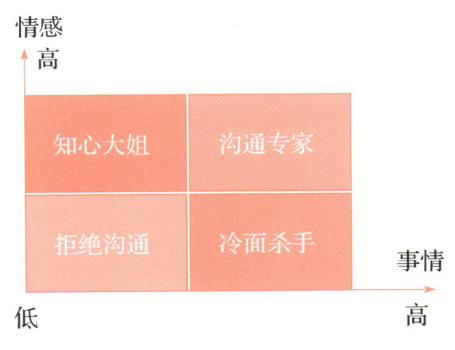

图 1-2 先处理情绪再处理问题

第一类:知心大姐型。这类投诉处理人员在服务中特别有同理心,沟通时也十分耐心,可以不厌其烦地与客户做好全面解释工作,特别重视客户的情绪安抚。这类工作人员满意度往往比较好,但服务沟通时长往往难以控制。同时值得引起注意的是,知心大姐型客服人员事无巨细的讲解,可能会给人带来啰唆之感。因此在安抚客户的同时更应注重客户问题的解决。

第二类:拒绝沟通型。面对客户的情绪与各式抱怨,客服人员认为安抚无用,解释也是徒劳。应诉的目标更多的是尽快结束此次服务，而非安抚客户与解决问题。于是"我也没有办法""我只能帮你记录""这个问题我也解决不了"这样的话术就时常挂在嘴边。拒绝沟通是因为客服人员武断地认为对方无法沟通，并且也不想沟通。但需要引起注意的是，此时客服人员的逃避与不作为往往会更加激化客户情绪，让问题更加复杂，以致难以处理。我们要打破自己脑海中对客户的"虚拟形象"，不要认为客户一定无法理解与接受建议；也要突破对自己的"刻板印象"，不要认为自己的安抚、解释、处理都是无用的。此时拒绝沟通就是在拒绝客户与你的合作。

第三类：冷面杀手型。这类投诉处理人员十分注重服务效率，希望就事论事高效解决客户问题。然而注重处理时效的同时，容易忽视客户的情感需求，难免显得服务过于冰冷，缺乏温度与关怀。这类客服人员在服务过程中易打断客户说话，同时沟通时面无表情。不管是银行客户钱被盗刷着急挂失，还是保险客户患重疾申报赔偿款，抑或停电导致冷冻食品无法保存等，不管何种复杂紧急情况，他都可以非常理智且不紧不慢地说："您不要着急！""您先听我说！"没有情感的就事论事，让客服人员的服务与机器人同化。

第四类：沟通专家型。作为投诉处理专家，客服人员的工作目标是防止客户流失，提升客户忠诚度；在平衡企业利益情况下，给客户有收益的感觉；凭借客服人员对投诉的应对与沟通，在与客户充分共情的同时高效解决问题。这也要求投诉处理者具备较强的综合服务能力。一个投诉处理高手应具备的八维核心能力有服务认知力、投诉处理觉醒力、应诉原则力、客户安抚力、投诉处理"言值"力、客户应对力、疑难投诉场景应对力、情绪管理力。

第一章 服务认知力，服务哲学七问

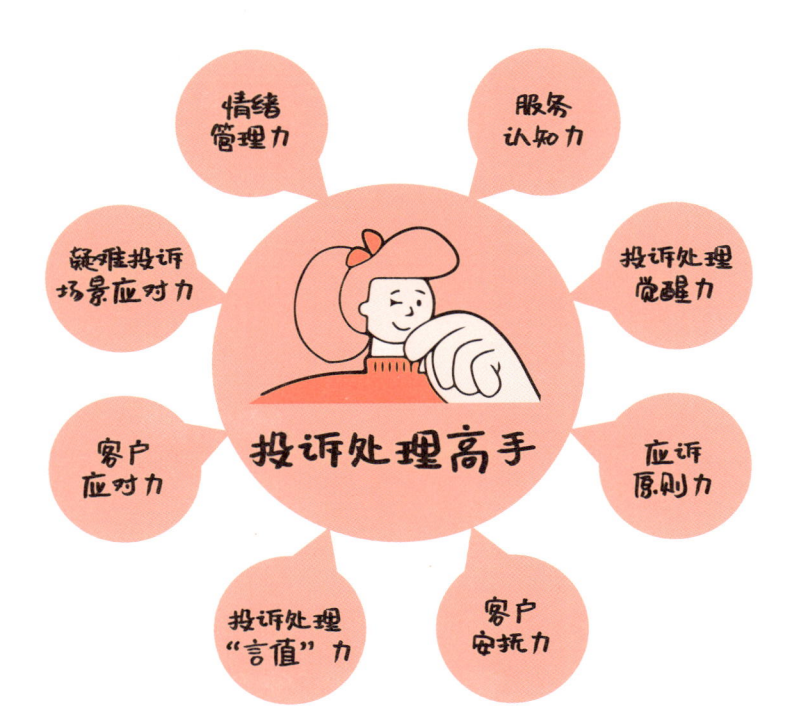

投诉处理高手
- 情绪管理力
- 服务认知力
- 投诉处理觉醒力
- 疑难投诉场景应对力
- 应诉原则力
- 客户应对力
- 投诉处理"言值"力
- 客户安抚力

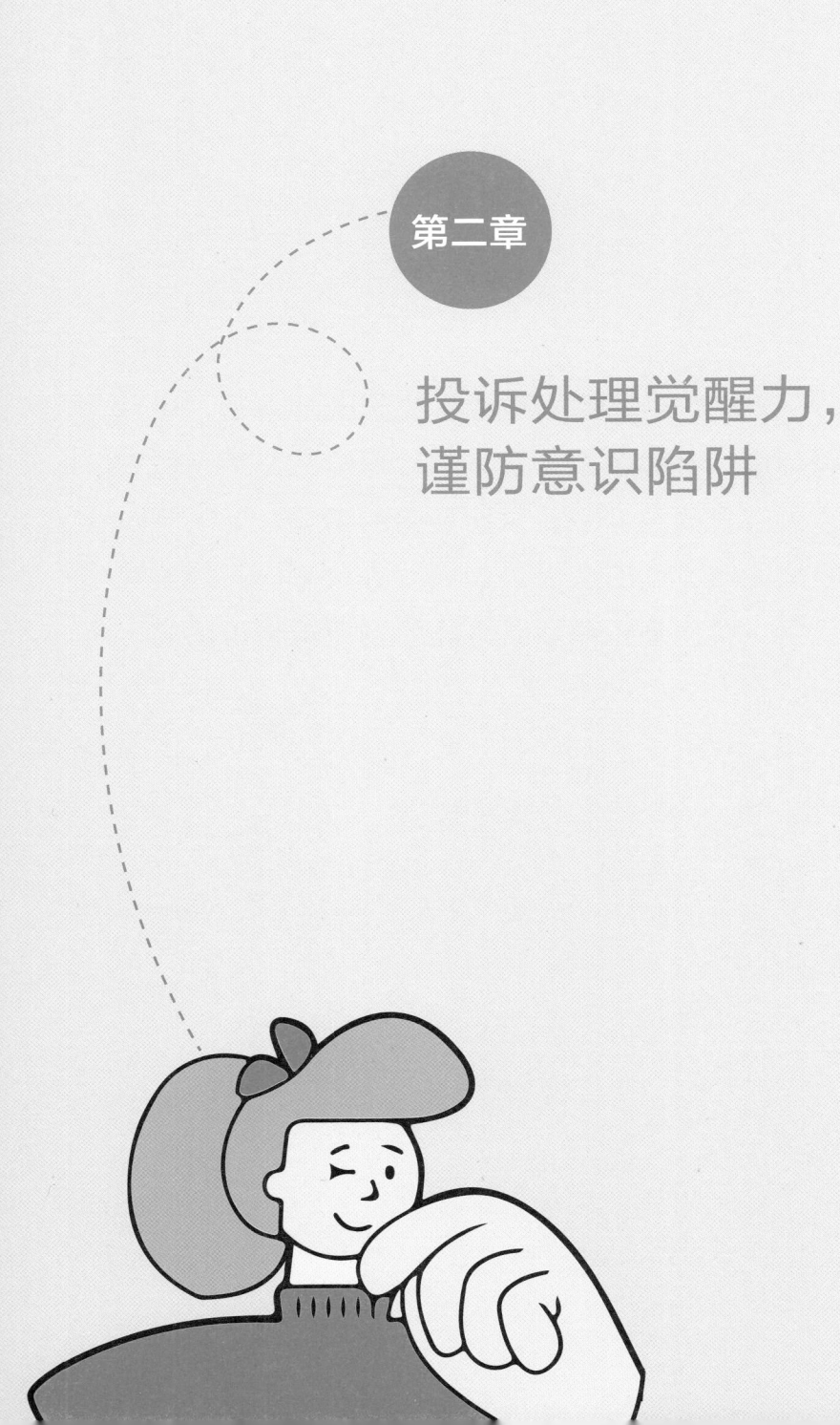

第二章

投诉处理觉醒力,
谨防意识陷阱

不管你有多聪明，不管你业务多么精通，也不管你应诉经验多么丰富，你都可能在不知不觉中被困在思维陷阱里，做出徒劳的事情。深陷服务意识陷阱，所有应诉处理只是在执行自己的服务偏见。跳出意识陷阱，才能找到见诉拆诉的有效出口。

不管你有多聪明，不管你业务多么精通，也不管你应诉经验多么丰富，你都可能在不知不觉中被困在思维陷阱里，做出徒劳的事情。从客服领域一路成长起来的我，也曾不经意跳入过很多思维陷阱，我也是在经历过各种应诉情况之后，才深刻领悟这些陷阱。因此十分理解大家气到深处，意难平；话到嘴边，不吐不快；无力至极，便随客户投诉罢了。

这些思维的局限给客户带来了不好的服务体验，也给自己与企业带来了很多不必要的投诉处理障碍。深陷服务意识陷阱，所有应诉处理只是在执行自己的服务偏见。跳出意识陷阱，才能找到见诉拆诉的有效出口。

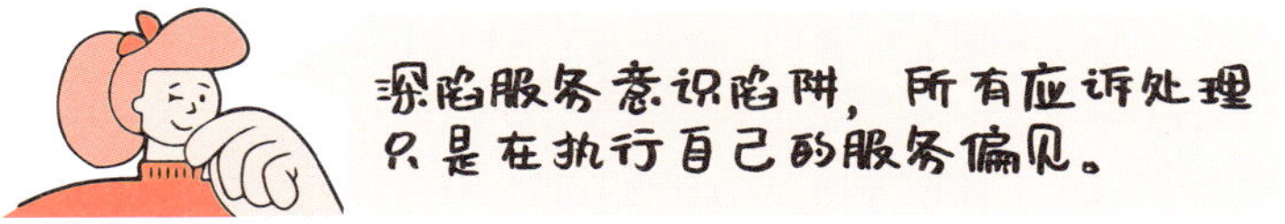

> 深陷服务意识陷阱，所有应诉处理只是在执行自己的服务偏见。

"1" 陷阱一：
服务目标不明晰

大家在职场中是否常听到客服同人说出类似如下抱怨：

- 真头疼，客户纠结，我说什么他都不听！
- 客户不接受我们的提案，我说服不了客户，我也没办法！
- 客户坚持要按照他的想法来，还说要升级投诉我，换谁处理他的问题都没用！

大家在工作中会苦恼于客户不听你的，会因自己无法说服客户而焦虑。给企业做内训前通常会做培训需求调研，不少企业会提到希望能讲说服客户的技巧，这应该是客户服务行业普遍的需求。能够直接说服客户固然好，但我们也发现投诉客户往往并没有那么好说服，应诉处理的目标不仅是说服客户，还需要调整服务目标解读的心理宽度。

我说服不了客户！

你需要调整服务目标解读的心理宽度！

我们一起透过下面的服务目标矩阵（见图2-1）重新格式化刷新下服务目标认知。

说服投诉客户，与客户达成共识，在服务目标矩阵图中只是一个目标点，投诉处理专家不会因为这一个点的目标未达成就降低服务水平甚至放弃客户。当你调整服务目标解读的心理宽度时，你会发现就算未说服客户，我们依然大有可为。

第二章 投诉处理觉醒力，谨防意识陷阱

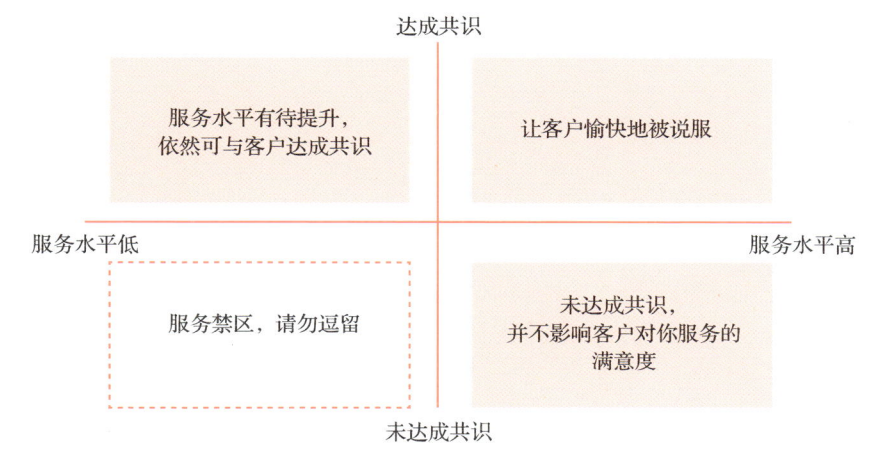

```
                    达成共识
                      │
   ┌──────────────┐   │   ┌──────────────┐
   │ 服务水平有待提升，│   │ 让客户愉快地被说服 │
   │ 依然可与客户达成共识│   │              │
   └──────────────┘   │   └──────────────┘
                      │
服务水平低 ─────────────┼───────────── 服务水平高
                      │
   ┌──────────────┐   │   ┌──────────────┐
   │ 服务禁区，请勿逗留 │   │ 未达成共识，    │
   │              │   │ 并不影响客户对你服务的│
   │              │   │ 满意度          │
   └──────────────┘   │   └──────────────┘
                      │
                    未达成共识
```

图 2-1　服务目标矩阵

让客户愉快地被说服。每个客服人员都期待自己辛勤付出完成的工作任务能变成工作结果，能让投诉客户转怒为喜，愉快地被说服。这是所有客服人员努力的方向，带着这个目标全力以赴接待每位客户，若实现固然好，但客户未被说服也不代表你的服务不好，不代表你再无事可为。

服务水平有待提升，依然可与客户达成共识。也许目前技术无法加持、流程制度无法实现客户的要求，抑或我们的服务还需提升，但优质服务本身不是固定不变的，它是需要不断优化的过程。即便服务有待提升，也不代表客户无法与我们达成共识。

客户喜欢可口可乐，你喜欢百事可乐，你们都喜欢可乐；投诉者是客户，你是客服人员，大家都是消费者；客户对流程有争议，客服人员需要落实企业制度，我们都是想更好地解决问题；客户想选 A 方案，客户人员推荐 B 方案，客户终归选择了我们的解决方案。和客户之间存在利益分歧是常事，我们要拔高思维层次，与客户达成共识。

· 031 ·

> 提高思维层次，与客户达成共识。

客户当下的"无理"要求，不代表不可以转化为合理化建议提报；当下处理不了的诉求，不代表你不能受理；满足不了客户的物质奖励，不代表你不能提供情绪价值。

说服客户不是一定要客户听我们的、按我们的来。客户不跟我们推脱或拒绝，双方谈判协商达成共识，也是一次成功的客户服务。客服人员不要让服务中存在的客观局限性成为投诉处理的障碍。

未达成共识，并不影响客户对你服务的满意度。我相信大家处理投诉时一定听到过客户对你说类似的话："我不是针对你，我对你的服务还是挺满意的。"也许在这次服务交互中并未说服客户接受我们的建议，也许我们未能和客户达成共识，但他对你的服务是认可的。所以大家不能因为客户难以说服，就不主动提供优质服务。

> 未达成共识，并不影响客户对你服务的满意度！

【一个例子】 **【飞虫满屋】**

有次去某房地产企业客户服务中心授课，现场伙伴分享的"飞虫满屋"案例至今让我印象深刻。

业主到客服中心投诉家里有大量飞虫，严重影响了他们的生活，认为是小区植物等环境问题导致飞虫飞到家中。客服中心立刻受理了客户的投诉，并安排人员到业主家中查看情况，一进屋确实看到业主家里的浴缸内、地板上随处可见或躺或爬的小虫。工作人员对业主居室周边的环境、绿化都进行了查看，排除了室外环境因素，同时还调研了周围邻居，邻居们家中无此飞虫情况。

经过一番调查，客服人员与绿化工程师傅一同去和客户解释以上情况，言外之意是并非物业管理问题导致飞虫滋生，非小区环境原因所致，需要业主自己处理，客户并未被此番解释说服。家里都是虫，干扰了心情，也影响了业主常规生活，虽然并非该公司物业管理的问题，但整个服务过程中，客户肯定是没好脾气的。

投诉处理人员站在客户角度非常愿意为业主提供帮助，与业主达成了共识，用小区的消杀手段帮业主家灭虫。次日客服中心还安排人员回访家中虫子情况，发现飞虫并未绝迹。从该公司物业现有技术支撑来看，客服人员能做的都已经做了，业主依然被飞虫困扰。

为了彻底解决这一问题，客服人员拿着飞虫样本请教了当地农学院专家，专家认定该虫叫黑尾拟天牛，是当地新发现的虫害品种，主要生长于盆栽花的土壤、潮湿的枯木中，喜啃食地板、木质家具等。客服中心再次安排人员到业主家中进行了仔细查看，最终找到了"罪魁祸首"——两盆君子兰。随即进行了针对性的喷药，经过一段时间的防治，虫害得到了有效的控制。业主终于露出了满意的笑容，对客服人员全力以赴的服务赞许有加。

见诉拆诉——一本有料又有趣的投诉处理书

案例分析：

透过这个案例我们看到该客服人员尽己所能寻找解决办法与客户达成共识。现有条件有限，无法解决客户问题，客服人员也没轻易放弃，而是帮客户寻求第三方专家建议。复杂投诉案件的处理往往是一个过程，不是三言两语就能解决的，投诉处理人员要明确自身服务目标，不被条件的局限、客户的情绪影响。拓宽你的目标解读宽度，你会发现办法总比困难多。

无法达成共识还不竭尽所能提供优质服务，是客服人员应诉处理的禁地，是客户流失的加速剂。科里·帕特森在《关键对话》中提出，设定对话的目的，并在对话过程中不断检视自己的行为和设定的目的之间的落差，这是一种高水平沟通者才具备的习惯。厘清服务目标，拓宽服务目标宽度，你会发现应诉处理大有可为。

"2" 陷阱二：
被投诉就"摆烂"

"摆烂"是近年网络热词，意思是眼看事情已经无法朝好的方面发展了，于是就干脆不再采取措施加以控制，任由其往坏的方向继续发展下去。

【客诉处理中的"摆烂"现象】

客户："我要投诉你！"
客服："你投诉吧！我的工号是×××。"

· 034 ·

案例分析：

与客户沟通不了，客户要求满足不了，企业制度不支持，抑或应诉技能不够，客服人员无力反驳也无所适从，便"摆烂"随客户投诉了。"摆烂"的服务看似能让客户无可奈何，也许侥幸换来客户妥协，但也有可能换来的是未知负面消息的传播。

心理学家丹尼尔·卡尼曼提出的峰终定律认为：用户对一项事物体验之后，所能记住的就只是在峰（高峰）与终（结束）时的体验，而在过程中好与不好体验的比重、体验时间的长短对记忆的影响不多。

当客户直接投诉你时，处理得好也可化干戈为玉帛，化解客户的不满。服务补救永远不晚，展现的是积极应对的主动意识；服务补救并不丢人，历练的是客服人员专业觉悟；服务补救并不难，让客户感受到你的全力以赴。用服务补救代替"摆烂"，是专业投诉处理人员的必备素养。

"3" 陷阱三：
易忽视的服务分歧

客服处理投诉时容易产生什么分歧？大家往往首先会想到是否解

决了客户的问题，是否满足了客户需求，是否影响了双方利益等。这些都属于与客户的利益分歧。

利益分歧并不是客服人员与客户之间的唯一分歧，还有服务中容易被忽视的认同分歧。 在解决利益分歧前，需要我们先解决认同分歧。是否安抚了客户情绪，是否照顾到客户的面子，是否表达了对客户的重视，是否能和客户同频共振，客户是否认同你的观点，客户是否认同企业，这些都是需要客服人员去解决的认同分歧。很多人认为，把客户的投诉问题解决不就行了吗？但事实是即使客服人员解决了客户的问题，常常还会听到客户的诸多不满。

- 整个处理过程中，你们一句抱歉都没有！
- 这个工作人员态度不好！换个人来帮我处理！
- 投诉处理人员说话一点不客气，声音比我的还大！
- 我是在和机器人说话吗？

一旦进入认同分歧，情绪会被快速激活，对话双方就会迅速进入非理性沟通状态。不解决认同分歧的服务，客服人员的应诉处理是没有温度的，难以消融客户内心情绪的结。处理好认同分歧，客户也更易接受客服人员的建议，会大大提升客服人员的说服力。

为什么解决了问题，客户还不满意呢？

你需要解决认同分歧！

【未见护士，已认同其专业度】

前两年我生病做了个小手术，术后每天需要到医院换药室换药。换药室是由帘子隔开的两个换药间，病友们会排成两列等候。伤口换药是非常疼的，站在病人视角，换药的疼痛除了来自伤口本身外，也和护士的操作力度、手法有很大的关系。在一次等候过程中，就听到其中一位护士在帘子里会适时对抱怨和担心的患者进行安抚，"您放心，我轻点换药！""是有点疼，但是我手脚快点，一下就好了！""伤口好多了，您放松些！"有些患者讨论："这位护士人很好，下手肯定没那么疼！"也有些患者主动从另外一队换到这位护士的队列里等候。

案例分析：

仔细想想，换个护士换药就真不疼了吗？为什么有些患者宁愿重新排队也要换个护士换药呢？案例中护士的暖心安抚，无疑是一剂"止疼针"，让其他患者还未见到护士，已认同了她的专业度。护士对患者的理解与安抚，换来了患者的认同与配合，让治疗过程更高效，患者体验更佳。

同理，投诉处理也是一样的，只有先解决好认同分歧，才能更高效地为客户解决利益冲突，为客户提供更好的服务体验。

陷阱四：无法认同"难缠"客户

首先请大家想想下面几个问题，并把你的答案写在横线上。

- 当别人认同你时，你的感觉如何？
- 对那些认同你的人，你对他们的感觉如何？
- 别人认同你后，接下来通常又会发生什么？

_____

_____

- 当别人不认同你时，你的感觉如何？
- 对那些不认同你的人，你对他们的感觉如何？
- 别人不认同你后，接下来通常又会发生什么？

_____

_____

当我们不认同客户时，对方往往会下意识警惕起来，内心的反驳心理会促使他们解释、辩解甚至争论。沟通的氛围也容易变得紧张，甚至让投诉处理戛然而止；当我们认同客户时，会让客户感受到自己是被理解的、被认可的，需求是被关注的，人往往更容易接受同频共振者的观点和建议。

在投诉处理中，认同其实并非一件容易的事情。特别是对情绪激动及提出"无理"要求的客户。

一个例子 【投诉处理效率】

客服："请问有什么可以帮您？"

客户："帮啥帮，跟你们反馈个问题，还没给我回复！你们一点用都没有……"（还会伴有攻击性语言）

案例分析：

对出言不逊的客户，语言上确实难以认同。提倡的是不认同粗俗的语言，但理解客户认知修养。大家想想，小朋友是如何说服自己的父母的？往往会采取撒泼、打滚、耍赖、大哭等，因为在他们的认知世界里，已找不到其他更好的替代方法了，发脾气、闹情绪便成了他们说服父母的有力武器。那为什么有些投诉客户会出言不逊，因为在他们的认知里，已别无他法。

理解了客户的认知修养，专业投诉处理人员心中的怒火往往已熄灭不少，会更理智地把客户的关注点引导到问题的解决上来。认同客户不是怂，是客服人员的雅量！

认同客户不是怂，是客服人员的雅量！

【要求退保】

客户："我要投诉！"

客服："您看有什么可以帮您？"

客户："我是在你们工作人员忽悠下买的保险。现在我去医院看病，你们保险公司说这个病不在理赔范畴，我要求你们全额退保。我这个钱要是放银行还有利息呢，这部分利息的损失你们也要赔给我！"

案例分析：

客户认为被企业员工忽悠，客服人员不能认同；要求全额退保，一线客服人员往往无法直接决定，也不能直接认同；客户要求赔偿利息损失，这类求偿要求，客服人员更无法满口答应。

看起来客户说的哪一句话，都让客服人员难以认同。如果在客户一连串的语言"轰炸"下失去理智，与客户争辩解释起来，只会让投诉处理难上加难。那么无法认同客户观点，那就同理客户心情！认同客户的情绪，理解他的着急，明白他的顾虑与担忧，可以成为认同客户的重要突破口。

陷阱五：服务权力结构混淆

投诉处理是为解决问题而进行的沟通，有明确的目标需要通过沟通来解决，不是与客户闲聊，客服人员需要先判断权力的方位。说白了，客服人员需要判断一下谁有决定权，谁更需要谁，然后再选择应诉的沟通方式。

决定权在客户，用说服。在沟通中发现对话的控制权在对方，这个时候客服人员只能通过服务行动、正向积极沟通来提升影响力，从而尽可能说服客户。说服的服务沟通策略，本质是控制权的匮乏，于是便只能施加影响力。

例如，在服务结束后，请客户为服务做满意度评价。客户做不做评价、评分如何都取决于客户的体验感受，客服人员只能提供优质服务，主动邀请评价，提升客户给我们打非常满意的可能性，最终抉择权还是在客户手中。

决定权在双方，用谈判。你有一定权力资源，对方也掌握一部分权力资源，权力虽不一定均等，但双方对彼此都有需要，任何一方都无法单独做出决定。谈判其实就是决定权被分享的一个决策过程。

【要求享受 VIP 服务】

一个 VIP 客户到银行去办理业务，恰巧贵宾客户窗口前面等待叫号的人也特别多，客户等待了半个多小时。客户认为既然自己是 VIP 客户就应该享受优先办理业务的待遇，便向大堂经理投诉。对银行网点办理业务速度极其不满，同时自己未享受 VIP 客户的待遇，更重要的是他认为自己时间很宝贵，让银行对等待的时间成本给说法。如果没处理好就扬言会当场拨打总行客服热线投诉。

案例分析：

经沟通了解到，此客户的投诉除了希望服务改善外，还期待能获得物质补偿。是否投诉取决于客户，是否赠送礼物或送什么礼物取决于银行，这时我们就需要用到谈判策略了。

决定权在第三方，用辩论。回想下辩论赛，正反方激烈辩论，由观众投票或评审打分判断胜负。在日常一般投诉中，不提倡客服人员采用辩论形式和客户博弈或争吵，因为服务不是在辩论赛场，无须与客户辩输赢。服务也不是在法庭，无须与客户辩别是非曲直，不要嘴巴赢了客户而让企业最终失去客户。

当然如果客户对企业产品、服务等存在质疑，说服与谈判均无法解决对方投诉问题时，特别是一些涉媒等危机公关案例，好与不好不是由客户或企业单方面决定的，企业难以直接澄清与解决问题时，可借助第三方权威机构进行认证判断，助力投诉的解决。

决定权在客户，用说服。

决定权在双方，用谈判。

决定权在第三方，用辩论。

"6" 陷阱六：
与客户辩对错

为什么在投诉处理中容易陷入争辩对错之中呢？因为出了问题从别人身上找问题，是人下意识的行为，在客户服务过程中亦是如此。投诉处理是解决冲突的沟通，一旦有冲突，难免陷于对错争辩之中。

客户与你辩对错，往往有以下几类潜在心理需求：

求胜心。客户在使用产品或体验服务时，若没有达到自己的预期，难免会带着情绪来找客服人员反馈，字字反驳、句句雄辩，忘了此行真正重要的目的，是常有的事。客户有求胜心在所难免，而作为专业客服人员，嘴巴赢了客户却往往会让企业失去一个客户。在投诉处理中，如想言语上胜过对方，应诉就不再是为了客户服务，而是为了战胜客户。

求关注。与客服人员辩论的客户并不都是想"语欲胜人"，他们也想通过这样语言的博弈去寻求关注、寻求重视、寻求安慰。让企业或客服人员意识到自身问题，从而让他的问题得到快速解决。做好服务的第一步是不要急于与客户争辩自己是对的。满足客户的内在心理需求，从认真倾听与不争辩开始。

求利益。有的客户辩论对错，将责任指向企业，并不是想放弃企业，不再使用产品或体验服务，他们醉翁之意不在酒，主要是想谋求

个人利益。你在菜市场买菜时,是否看到过这样的场景。买菜阿姨在菜摊前挑来拣去,嘴里不停念叨菜品不好,她如此不满还依然站在菜摊前选菜,往往就是为了让老板多送几根葱。

赢得与客户的口舌之争,往往是最糟糕的服务之举。对客服人员来说,在言语上胜过客户,除了满足一点虚荣心,逞一时口舌之快外,毫无意义。嘴巴赢了客户往往却失去了客户的心。

> 赢得与客户的口舌之争,
> 往往是最糟糕的服务之举。

陷阱七:
权力有限是投诉处理的劣势

有一次去一家企业上投诉处理课程,课间一位资深投诉处理人员找我一起交流。她已经做了五年客户投诉处理工作,各种客户都遇到过,所以她在工作中一点不担心复杂案例或者纠结的客户。她最大的顾虑是自己权力有限往往无法满足客户需求,感觉自己没能更好地帮助客户。认为权力有限是与客户谈判的一大障碍。

有一定权限固然能增加谈判筹码,但没有权限也是服务优势。企业对客服人员的权力进行限制也有巨大好处:

- 有助于企业风险管理;
- 可以让客户明白企业让步的尺度;

- 有助于做好客户的期望管理；
- 有助于收集信息，获得客户主张与要求；
- 揣摩客户真实目的与关注事项；
- 争取时间提供最佳解决方案；
- 便于后续跟进处理。

> 权力有限是投诉处理的优势。

客户服务工作中，我们不要气馁于权力有限，而应善用有限的权力积极投入服务沟通中。同时注意在表达自己权力有限时，避免让客户有推诿的感觉，学会合理示弱，表达重视与积极受理的意愿。

陷阱八：我处理不了

在投诉处理时你是否说过以下类似的话：

- 我只是客服人员，我处理不了！
- 这个事情要麻烦您联系×××处理。
- 我查不到相关信息，我给您提供一个咨询电话。
- 您提的诉求，我承诺不了，我只能帮您反馈。

以上都是在应诉时常听到的一些直言直语的表达，是正确的大实话。总结起来就是一切要求你都可提，但我无能为力。给客户的感受就是客服人员不作为，所以想必大家或多或少也听过客户类似如下的回应。

- 客户经理处理不了投诉，叫个什么客户经理！
- 你是不是处理不了？你处理不了就叫能处理的人来！
- 一句你处理不了就想把我打发了？
- 你不处理，那我把你也投诉了！
- 你新来的吗？问你啥都不知道！让你处理你又处理不了！

听到客户如上类似说辞，你是否瞬间觉得空气稀薄，需要深呼吸，同时无语凝噎的情绪控制了那个原本理智的你。

其实很多事情客户也知道你处理不了，但他期待你能尽力协助为他处理。投诉处理一定不仅仅是客服部门或客服岗位人员的事情，特别对一些疑难投诉案件，是需要联动其他部门共同来处理的。所以客服人员要学会和自己的岗位角色和解。客服人员不是万能的，对客户的需求不可能一呼百应，悦纳自己不是所有问题能够处理。

处理不了的原因有很多，比如目前技术无法加持、制度流程不允许、权力有限，当然也有可能是投诉处理人员专业度有待提升。作为专业的投诉处理人员，需要不断精进服务技能，避免因为个人服务技能欠缺引发的投诉与投诉升级。

不管是什么样的客户，不管客户如何否定你，不要生硬地用"处理不了"来拒绝，要善用"受理"的力量表达主动服务的意愿。有处理不了的问题，但没有受理不了的投诉。巧用"受理"代替"处理不了"。虽然最终的做法可能都是记录问题并向上反馈，但给客户的感受是截然不同的。

第二章 投诉处理觉醒力，谨防意识陷阱

有处理不了的问题，
但没有受理不了的投诉！

"9" 陷阱九：
"应该"思维

投诉处理人员往往都心思细腻，善于站在对方角度思考，尽心服务客户，同时也会不自觉衍生出很多内心戏，在应诉中有时会不自觉地产生一种"应该"思维。

一个例子 【五小时的投诉电话】

十多年以前我还在银行客服中心的投诉处理岗，前台客服把处理不了的问题记录下来，问题就会反馈到投诉处理岗，然后我们来处理并回复客户。我处理了一个让我至今都难以忘怀的案例。

当时投诉处理岗是17：45下班，我17：00外呼给客户。整个过程处理了五个多小时，着实让人崩溃。他主要反映的问题是他的银行卡扣了十元年费，认为银行不该扣此笔费用。他觉得十元虽是小事，但银行有这么多客户，都扣年费就是大事，让我们给个说法。

· 047 ·

当年银行储蓄卡免除年费是有明确规定的，符合规定的客户才能免扣年费。安抚了客户也讲明了扣费规则后，客户却不接受我的解释，坚持认为他属于免收年费范畴。当年并非客户所有签约记录客服后台都能看到，于是我主动表明会受理他的问题，进一步核实是否属于免收年费范畴。

转眼已过了我下班的时间，快到18：00时客户突然说他要吃饭了，让我半个小时后再打给他。我很想跟他说我已经下班了，但客户没有给我任何说话的机会就直接把电话挂断了。我们有明确的首问责任制，且复杂案例留给其他同事接手也不合适。于是等了半小时后，我又给客户打过去了。然而如约的回复并没有换来客户的满意，而是客户持续的喋喋不休，认为我就是在找借口。我依然耐着性子与客户讲解，并多次传递愿意第一时间受理并进一步核实。但客户还是坚持当晚让我把十元钱退给他。十元钱虽不多，但作为银行是不会随意划拨款项的。

转眼都快22：00了，我一直耐心跟客户沟通，我想客户也该累了要休息了吧！不休息也该要去上个洗手间了吧！看在我长时间耐心解决问题的份儿上，客户也应该接受我的建议了吧！他对我的服务应该是满意的吧！然而让我万万没想到的是，客户虽然最后同意让我记录受理他的问题，但是要求我把他讲的所有内容全部重复一遍。五个小时的投诉处理，虽然我一边沟通解决客户的问题，也一边记录了客户需求，但我只总结并记录了重点信息。我欲哭无泪地把所记录的内容重复了一遍，但客户还是认为我遗漏了信息，最后还让我记录他对我的投诉。投诉我记录信息不全，瞬间让我哭笑不得。

在五个小时的投诉处理过程中，内心有很多个"应该"思维产生，一直萦绕在脑海里。

- 沟通这么长时间了，客户该去下洗手间了吧！
- 五个小时的服务时间啊，客户该休息了吧！
- 讲这么久了，通话该结束了吧！
- 话都说到这份儿上了，该接受我的建议了吧！
- 我这么耐心，对我的服务应该是满意的吧！

大家在尽心服务时，滋生出这些"应该"思维可以理解，我们都期待工作任务能转化为工作结果，能获得客户的满意与认可。然而事实告诉我们应该不等于能够。站在客户角度，他觉得客服人员应该解决他所有问题，满足他所有需求，作为投诉处理人员，我们能做到有求必应，但难做到所求皆满足。换位思考，客服人员耐心应诉也不一定能换回客户的认可。

应该≠能够

"应该"思维往往会影响客服人员对客户的期待值，当客户没有配合时，容易产生失落感，进而被这种感觉干扰自己的情绪与专业判断。服务做得好未必能换回客户满意，但如果服务做得不好，客户一定不满意。因此在投诉处理时，客服人员要尽量避免这种"应该"思维的干扰，全力以赴解决好客户的问题，以服务好客户为重，时刻不忘去审视自己的服务目标。

陷阱十：投诉处理不应有情绪

优秀的投诉处理人员，他们不光应诉技巧很专业，对自己在服务客户时的自我情绪管理要求也很高。有些资深投诉处理人员，觉得有情绪似乎就是件很不专业的事情。

情绪管理不等于杜绝情绪。客户可以有情绪，客服人员生而为人为何不可以有情绪呢？如果投诉处理人员可以在应诉中毫无情绪，那么连自己的情绪都无法体察何以感同身受客户的情绪，何来同理心服务呢？情绪是本能，情绪管理是本领。情绪管理一定不是克制自己的情绪，让自己不要有情绪外露。首先客服人员应该悦纳自己的情绪，用合理的方式表达自己的情绪，管理好自己和客户双方的情绪。

情绪表达不等于表达情绪。可以有情绪不代表可以向客户发脾气或者随意宣泄自己的不满，客服人员不要情绪化的表达，而要学会合理表达情绪。举个例子大家就知道"情绪表达"与"表达情绪"的区别了。

情绪表达 ≠ 表达情绪

【情绪表达 VS 表达情绪】

场景一：情绪表达

客户："这就是你们的服务啊！你们工作人员都是干什么吃的？"（客户不停说着攻击性的语言）

客服："你是不是有毛病啊！"

场景二：表达情绪

客户："这就是你们的服务啊！你们工作人员都是干什么吃的？"（客户不停说着攻击性的语言）

客服："先生，我们通话是有录音的，请您注意您的言辞。"

案例分析：

场景一是我曾经做项目时听过的一个真实录音，客户的言辞确实难以入耳，客服人员不能主动挂断电话，有情绪可以理解。客服人员此时以牙还牙也许当时解气了，但同时也再次引发客户不必要的投诉升级行为。

显然场景一是在情绪表达，场景二是在表达情绪。专家级和普通级客服人员很大的区别就在于，专家级客服人员会合理表达情绪而非情绪化表达。专业的服务往往也就体现在这一念之间表达的选择。

投诉处理工作似乎不学自知，深究不明。长期在投诉案件中浸泡容易迷失自我，陷入投诉处理意识陷阱。愿我们能一同提升投诉处理觉醒力，清醒应诉。我们选择不了接待的客户，但我们可以选择积极应对。

第三章

应诉原则力，
降低客户不满意

企业的服务规章、制度、流程是客户服务人员应诉的风向标。投诉处理原则不仅要规范什么能做，也需要明确不能做的服务底线。按服务原则做，客户未必满意；但没做，客户一定不满意。

第三章 应诉原则力，降低客户不满意

优质的服务＝可控性服务＋创新性服务。好的服务是被要求来的，所有的暖心服务、惊喜服务、创新服务都潜藏设计于服务制度中，需要以标准化的方法去创造与保障优质服务体验。

同时，企业的服务规章、制度、流程是客户服务人员应诉的风向标。投诉处理原则不仅要规范什么能做，也需要明确不能做的服务底线。按服务原则做，客户未必满意；但没做，客户一定不满意。

原则一：迅速受理原则

迅速受理原则是客户投诉处理中最基础也最重要的原则。时间拖得越长越容易引发客户的不满，拖沓的投诉处理无疑是在给客户火上浇油。

接下来请大家和我想象几个场景：

- 你带家人去餐厅吃饭，等了快半个小时只上了一道菜，其他菜品如还未做你是否想退掉？
- 你去购物，店员十分忙碌，你让她帮你拿衣服试试，店员也不知是帮你拿衣服还是忙其他事情去了，五分钟还没有回来，此刻你还会等吗？

- 在一个风雨交加的夜晚，你穿得单薄觉得很冷，便在手机 App 上叫车回家，但对方接单后，你在 App 上看到车一动不动，一转眼你等了好几分钟了，你会放弃这次叫车服务改坐地铁吗？

面对以上场景，不同人一定会有不同的选择，但我想一定有人为了节省时间想退掉没上的菜；一定有人不想等待，不再想去试那件衣服；一定有人不想在风雨中久等，于是放弃叫车服务。

可见在快节奏的当下，"迅速"何其重要。等待与拖延换来的可能不仅是问题升级，还极有可能是客户的放弃。

然而投诉处理人员也有很多无奈。投诉案件往往比较复杂，如果都能第一时间如客户所愿，马上把问题都解决了，可能也不会升级为投诉了。服务中必然有当下处理不了的问题，但一定没有受理不了的投诉。所以这项原则重点是不一定能迅速处理，但一定要迅速受理投诉，不要给客户投诉无门的感觉。

那么怎样的处理速度叫迅速，这还是要看各行各业的内部规定。比如电话客服团队会设定接通率、二十秒应答服务水平、通话时长、一次性问题解决率等指标加以规范与落地，又如线下投诉处理部门会通过到场时效、处理时效、案件处理量、案件办结量等指标保障处理效率。

一个例子 【拒收申请的风波】

市民 A 与 B 受小区数千名群众委托，前往相关部门办理复议事项，当他们 11：30 递交申请时，工作人员 C 却拒绝接收。

C："你们下午再来，11：30 后就不处理案件了。"

A 一再追问："上午下班时间为 12：00，为何还差半小时就不受理案件了？"

C 失态大声道："我给你解释了，11：30 到 12：00 是我们上班时间，但我就是不收了。"

A："请问你能告诉我你姓什么吗？"

C："姓彭，怎么啦？"

A："有什么理由不接收我们的案件？"

C："我们要不要整理？我们要不要归档？"

A："我不管你是否整理和归档，那是你们内部的流程，你不能在法定上班时间不收案。"

C："我们内部工作，你为什么要指责？"

A："现在几点钟？11：35，你们就不收了，凭什么？"

C："你吵什么吵？你那么大声干什么？"

工作人员 D："再闹叫保安！"

在长达半小时的大声争吵后，A 通过相关平台进行了投诉。

案例分析：

从案例中我们不难看出，市民 A 和工作人员 C 的争议点主要就在于案件的"处理"和"受理"上。市民 A 希望工作人员 C 能受理问题把案件接收，工作人员 C 考虑的是接收后整理和归档等问题的处理。

如以迅速受理为原则，提供高效的服务，工作时间内我们是可以第一时间受理客户案件的。不要因当下不能及时处理就给客户被推诿与被拒绝的感受。

好的服务是设计出来的，比如可以明确前端叫号端口的时间管理，避免客户到窗口后无法办理业务。案件处理窗口作业停止时也需要放置停止办理业务的公示牌，让客户可视化业务处理实际时间，避免与工作人员起无端争议。同时落实服务基本原则，站在便民服务视角设计制度流程，让工作人员业务处理有章可循。作为服务窗口，工作人员办理业务时也需注意表达方式与技巧，不要让自己的表达激化与客户之间的矛盾。

"2" 原则二：
可感知原则

英国哲学家乔治·贝克莱提出：存在就是被感知。简单来讲，贝克莱认为：只有感知到的，才是存在的，不被感知的，就是不存在的。很多人认为此观点是唯心主义，比如一粒灰尘往往不被肉眼所察觉不代表它不存在。个人认为需要辩证看待感知，未被感知到不代表不存在，但未被感知的服务是没有意义的。

> 未被感知的服务是没有意义的。

当下社会节奏快，也注定我们身处注意力稀缺的时代。过去经常说，"酒香不怕巷子深""是金子总会发光的"。等到别人主动发现你的产品好，等到客户主动发现你的服务佳，可能企业的产品早已被其他产品替代，可能早已被竞争企业抢占先机，因此要让客户感知到你的优质服务。处理投诉是工作任务，客户感知好才是工作结果。客户感知到服务好，客服人员的付出才更有意义与价值。

我们来想象一个场景，假如你去逛商场，从你进店的那一刻起，店员主动问候你，问询你的需求，让你有喜欢的随意试穿，跟你保持礼貌距离陪伴你挑选衣物。这个服务还是很周到的，但如果你本身就只是想逛逛街未打算购买，这时候你的服务体验如何？可能这样的逛街体验伴有一定的压力感。

好服务不等于好服务体验。我们发现好的服务，未必让客户感知到好体验。因此我们不仅要服务好，还得让客户感受到服务好。

服务往往不以实物形式出现，要想提升服务体验就需充分调动客户的五感，即嗅觉、味觉、视觉、触觉、听觉，将好的服务有形化。

嗅觉：面包店通常让你还没有进店门就闻到糕点的香味，通过诱人的香味告诉顾客，这家面包店的商品很好吃，促使顾客进店购买。

味觉：超市里的各种免费试吃试喝，就是想抓住顾客的味蕾，然后促进消费。

视觉：得到 App 直播内部会议，将服务管理可视化呈现。让用户可以更直观地了解他们是如何为客户做好知识服务的。

触觉：当下我们购买各类电子产品都可以先到线下体验店试用实操，体验后再根据需求购买。通过参与体验增加对产品及服务的认知，助力客户更好地判断与选择，获得更直观感知与体验服务。

听觉：许多企业的客服中心除了注重员工业务水平提升外，也十分重视语音服务艺术。不仅有普通话考级要求，在录音质检评分标准中也会对服务态度、服务礼仪、服务沟通技巧、业务处理等进行多维度规范设计，以此作为客服执行服务风向标，让客户能够听到企业的优质服务。

客户觉得服务好才是真的服务好，毕竟是客户做满意度评价！ 投诉处理更要充分调动客户的五感参与并体验服务，让客户在服务补救中感受到投诉处理人员切实在为他解决问题。只有客户感受到优质服务，基于人的互惠心理，对方也往往不会再多加以为难了。

"3" 原则三：
省力原则

过去买手机，商店里摆的都是模具，只有付钱后才会给真机。然而现在大街小巷各种品牌手机体验店都可以先体验试用一番后再决定是否购买，我们发现服务已被前置化，服务体验成了营销的重要手段。共享单车解决了市民出行"最后一公里"的问题，给市民带来了便利。我们发现产品变成了服务，服务变成了产品，客户愿意花钱购买服务。

由此可见服务体验经济时代已到来。

为了营造好的服务体验，各企业会做很多服务加法体验设计，比如设计提供惊喜服务、提供更多增值服务等，当转化为服务运营指标时，企业普遍会用客户满意度（Customer Satisfaction Score，CSAT）、净推荐值（Net Promoter Score，NPS）来体现服务策略效果。

2010年《哈佛商业评论》上，由马修·迪克逊、凯伦·弗里曼和尼古拉斯·托曼在文章《不要试图取悦你的客户》中首先提出客户费力度（Customer Effort Score，CES），该指标衡量客户在消费、使用产品和服务体验过程中的费力程度。

为说明CES的效力，作者在历时三年的调研案例中同时测量了CES、CSAT、NPS与客户忠诚度的关系，如图3-1所示。

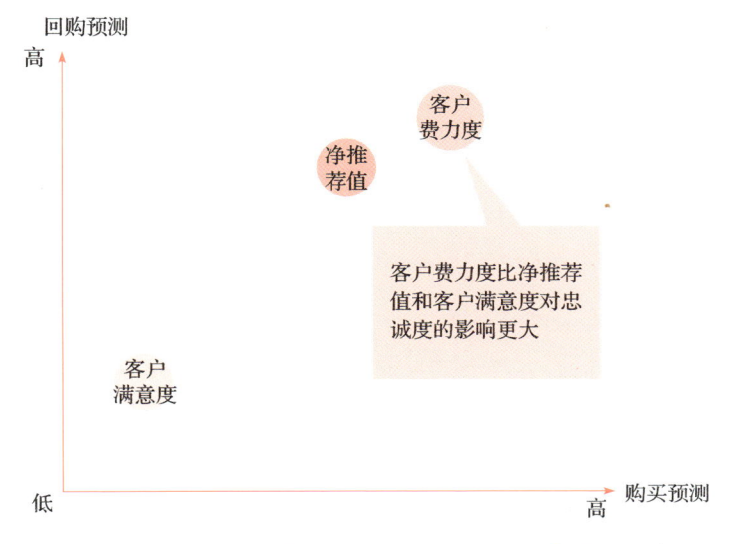

图3-1 客户费力度、客户满意度、净推荐值与客户忠诚度的关系

综上，得出以下主要研究结论：

见诉拆诉——一本有料又有趣的投诉处理书

- 取悦客户并不能提升忠诚度,而应减少客户花费的精力。
- 降低客户费力度有助于改善客户服务质量,消减客户服务费用,减少客户流失。

由此可见,讨好客户不是服务的唯一途径,降低费力度能拉升客户忠诚度。为客户省时、省力、省心、省钱,化解客户不满,用省力服务防止投诉和客户流失。

讨好客户不是服务的唯一途径,降低费力度能拉升客户忠诚度。

【独居老人家中突然深夜断电】

一位北京的独居老人,夜晚家里突然欠费停电,嘴里抱怨着黑漆漆看不见,但他又不会操作购电。可他不想为了这点小事麻烦儿女,便致电客服问询如何处理。

想到深秋的夜晚,一位老人独自在家还没有电,老人寸步难行,客服人员耐心安慰老人,表示会全力帮他解决问题,首要任务就是保证老人能用上电。

客服人员考虑到天黑老人不方便走动,将让老人提供户号转为通过户名、地址、联系电话、身份证中任意一项来进行户号查询,便于

· 062 ·

快速帮老人在系统中排查。基础信息核对后，先帮助老人做应急送电，然后指导老人如何操作安全送电，再与老人确认电是否已安全恢复，解决了老人的燃眉之急。

案例分析：

"授人以鱼，不如授人以渔。"客服人员不仅解决了客户的基本诉求，同时也从根本上解决了客户问题。主动询问是否需要指导其如何独自完成线上缴费，避免以后遇到同样的情况客户无法自行解决，也省得以后来回跑营业厅缴费。客服人员又耐心地一步一步地指导客户学会如何在手机上购电，并叮嘱了老人以后缴费的注意事项。

指导老人操作花费时间长，但客服人员一直耐心指导，直到老人缴费成功。这位客服人员用他的服务卖力度降低了客户的费力度。不仅解决了老人的燃眉之急，还解决了老人未来生活中的用电问题。

客服人员积极主动、全面周到的服务获得了老人的认可。他的用心服务，让客户能安心用电、省心生活。

"4" 原则四：
首问责任制原则

好的服务体验往往不是凭一己之力形成的。好的服务体验是客户对全服务触点中整个过程的综合感受，因此各服务触点工作人员责任意识尤为重要。首问责任制原则：即第一个接待客户投诉的员工有责任指引、协助客户完成整个投诉过程。当然，哪怕你不是第一个受理客户投诉的人，也要把自己视为当责第一人，竭尽全力帮他把问题解决好。除非客户强烈要求之前的客服人员处理，原则上不要麻烦客户再去找之前同事。哪怕客户反映的问题不是你的工作任务，你也要有积极受理的责任意识。避免客户处理一件事来回找人折腾，建立降低客户问题处理费力度的意识。

把自己视为当责第一人

【电工也帮客户提行李】

　　丽思卡尔顿是全球首屈一指的奢华酒店品牌，其座右铭"以绅士淑女的态度为绅士淑女们忠诚服务"更是在业界被传为经典。史蒂芬·柯维（美国著名管理学大师，著有《高效能人士的七个习惯》）一次在酒店大厅坐着看书，现场有一个电工在维修天花板上面的灯，这时一位客人带着大包小包行李进店，而服务员恰好不在，那个电工见状立刻放下手中的活儿，去帮助这位客人提行李。这件事被柯维看到，于是问那个电工："为什么会放下手中的事帮客人提行李？这个是你的工作吗？"这位电工不假思索地回复："当然是，这是我们的工作守则。"然后他从上衣口袋拿出一张卡片，上面写着二十四条服务准则。这个电工说："看见了吗？第四条有明确规定'我们要乐于助人，若能更有效地服务客人，要随时停下岗位上的工作'。我们是为客人服务的一个整体，不能因为我是电工，就对需要帮助的客人熟视无睹，这是我们应该做的。"

案例分析：

在丽思卡尔顿酒店，不允许员工说"我不负责""这是××的责任"，不因不是自己的岗位任务就拒绝和推诿客户。竭尽所能一次性把客户的问题解决，避免给客户带来麻烦。好的服务是被要求来的，所有员工都需要规章制度的规范，企业要帮助员工养成积极主动的服务责任意识。所以很多企业会设置客户投诉一次性问题解决率的指标，透过指标运营管理，提升服务的内驱力。

当然，首问责任制原则并非让客服人员把客户的所有问题都大包大揽，而是需管理客户期望，不是让客服人员接受客户所有控诉，而是需扫清客户认知盲区。当责但不过度承诺，不推诿亦不妥协。全力以赴帮客户解决问题，而非竭尽全力规避责任。

工作任务未必等于工作结果。作为投诉处理人员，处理客户投诉是工作任务，客户满意才是工作结果。需要我们以服务目标为导向处理客户投诉，而不是以完成任务为目的结束客户投诉。

工作任务 ≠ 工作结果

处理客户投诉是工作任务，客户满意才是工作结果。

原则五：
以诚相待原则

投诉客户往往或多或少带着情绪找到企业，内心可能存在戒备心理，有时会用犀利言语表达或以不太友善的行动回应客服人员，以此引起客服人员的重视，或用宣泄自己的不满，以解决自己的问题。

应诉技巧是客服人员帮助客户解决问题的工具，以诚相待原则是投诉管理与执行的基本准绳。没有一个客户不希望自己是被以诚相待的。对客户不以诚相待，客户何以信任你；客户不信任你，何以不"为难"你！ 正如北宋理学家和教育家程颐所说："以诚感人者，人亦诚而应"。

【"三无"也能退回】

我母亲是百果园的忠实顾客，她为家人选购水果时，会顾虑买回去后口感不好或品质不佳。通常水果被打开后再拿去投诉，商家对退货是不予支持的，即使退换了往往也多有言辞。她之所以中意百果园这家水果店，倒不是别家水果店的水果一定不如这家，而是百果园"三无退货"让她更安心。

"三无退货"是企业充分信任顾客、以诚相待的体现。顾客退货时无须小票、无须实物、无须理由。一旦顾客有任何不满意，可在门店或 App 上享受信任退货服务。这体现了商家的社会责任及对自己产品品质的信心。

我母亲到目前为止也没退过货，就是这份以诚相待的服务承诺及较好的水果品质，让她选购无忧，成为这家水果店的常客。

案例分析：

需要注意的是，"以诚相待原则"是需要在服务各个环节中践行的，而非仅针对投诉处理。客户投诉处理事后的落地与及时回复也是我们信守承诺的重要环节。当然，作为投诉处理人员，承诺客户时需持谨慎态度，许诺要符合客观实际并留有余地，避免陷入承诺无法兑现的境地。

在实际应诉经验中，发现不少衍生投诉产生是因为承诺未按时回复、承诺未按时处理或者承诺未兑现，引发客户再次投诉与跟催。很多时候不是投诉处理人员刻意为之，因为一个投诉处理人员需要维护很多客户，所以忙起来容易遗忘。投诉处理人员不妨使用"闹钟提醒""工作备忘录"等方法，让自己安心工作的同时也不会忘记之前对客户的承诺。

"6" 原则六：
一致性原则

一致性原则即相同或相似的客户问题在原则上应得到一致性对待，并得到相同或相似的回复结论。

不患寡而患不均。客户服务过程中，对于同一个问题不同客户得到的是截然不同的答案，或者处理和实际答复存在落差时，容易引发客户的强烈不满。当下不少客户也会多次联系企业不同工作人员，反复求证解决方案。当得到差异答复或者被差异化对待时，客户就会质疑企业服务的规范性，争议员工处理问题的正确性，抱怨不被重视与尊重。因此，企业除了地域化特色业务或客户特殊个性化需求差异外，应保持内部服务一致性。

同时需要注意的是，在投诉处理时，客户可能会拿外部一致性来说服你，拿其他企业的做法和你们的处理方式做对比。这时我们在竭尽全力为客户解决问题时，别忘了管理客户期望，不要失去自己的立场。

一个例子 【差异化服务风波】

在一次上海车展上，某品牌展台工作人员拒绝给中国访客发放冰激凌，宣称已经没了。但外国访客来领时，不仅拿到了冰激凌，工作人员还很贴心地教他们如何食用。

案例分析：

一个冰激凌是小事，但让客户感受到的是区别对待与不被尊重。因未落实服务一致性原则，引发客户强烈不满，该事件在网络上被曝光后，展台服务人员不经意的行为，演变成了商家对国人和外国人的区别对待，引起了社会的广泛热议。

由此可见，服务管理要统一内部标准，同时还得让员工统一对服务标准的认知，这样才有可能去落地服务规范。

原则七：
换位思考原则

人拿着集体照片时，往往首先看的是自己照得如何。人都会关心自己，同样地，人也希望获得别人的关注与尊重。带着情绪和问题来投诉的客户更需要企业能换位思考同理他，帮他解决好问题。换位思考原则归根结底是需要企业站在客户视角设计服务制度流程，客服人员在服务中用行动表达对客户的理解和重视。

- 换位思考从不与客户争辩对错开始。

横看成岭侧成峰，远近高低各不同。从不同视角看问题，会得出不同的结果。客户要求赔偿，站在对方角度是在争取他认为的合理权益；客户看似无理争执，站在对方角度是希望企业能认识到错误；客户不饶人似的犀利话语，站在对方角度是希望引起客服人员的重视。很多时候我们是对的，但并不代表客户是错的。只是我们和客户的立场不一样。

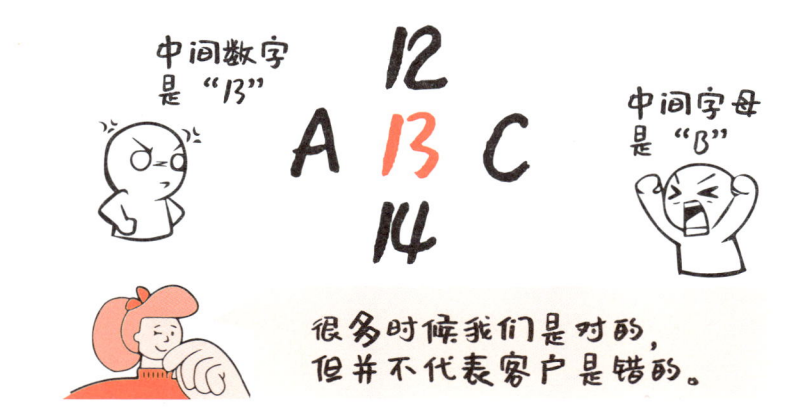

中间数字是"13"　　　　　中间字母是"B"

A 13 C

12
13
14

很多时候我们是对的，但并不代表客户是错的。

● 投诉处理人员不仅要"耐撕"也要 Nice（友好）。

投诉处理专业度上要"耐撕"，待客处事要 Nice。换位思考不是仅仅停留在口头上回复客户"您的心情我能理解"，而是能发自内心急客户之所急，想客户之所想。用行动让客户感知到你的 Nice。

> 投诉处理人员不仅要"耐撕"也要Nice。

【遗失的"美金"】

一次赶飞机去某地上课，眼看快要到登机时间了，我提起电脑包赶紧向登机口跑去，早已将行李背包忘到九霄云外了。跑了一会儿感觉不对劲，突然觉得身轻如燕，这才发现行李背包落在安检处了。

背包里有身份证和一些出差用品等，于是我赶紧折返去拿。在慌忙飞奔的过程中，一位机场地勤人员喊住了我。

地勤："您是谭女士吗？"

我："您怎么知道的？"

地勤："您的背包落在安检处了，为了找寻您的信息我们打开背包看到您的身份证。您包里有什么？"

我："有身份证、换洗衣服、简单日用品，还有教具。"

地勤："您包里是不是有一包"美金"，我们看太多了，您肯定会着急且登机时间快到了，所以赶紧沿路过来看看能不能找到您。"

我："您真是帮了我一个大忙，谢谢您！"

由于登机时间快到了，我没有时间与这位地勤人员进一步交流与道谢。其实那包"美金"并非真美金，而是我上课用的教具，是网上买的"美金"点钞券，用于学员互动时派发计分的。我背起行李背包快速跑到登机口按时登机。

我惊讶于她的细致服务，看了一眼身份证照就认出了我。我感动于她的主动服务帮我送行李包。我庆幸时间如此紧张，不仅没落东西还按时赶上了飞机。因为时间问题没能多跟这位地勤人员道谢，但是她的真诚、主动与周到服务让我一直铭记至今。后来，我通过客服热线对这位地勤人员表达了谢意。

案例分析：

换位思考，急客户之所急。换位思考不是一句服务口号，案例中的地勤人员充分考虑旅客登机时间紧张，暖心送行李，解决了旅客的燃眉之急，这样周到且细心的服务让人铭记于心。

精细化管理服务风险。在归还行李前地勤人员全面核实旅客信息，确保行李物归原主，有效防控了服务风险，也充分彰显了地勤人员的专业度。

原则八：可回溯管理原则

《银行保险机构消费者权益保护管理办法》中强调对产品和服务销售过程进行记录和保存，利用现代信息技术，提升可回溯管理便捷性，实现关键环节可回溯、重要信息可查询、问题责任可确认。

此条规定不仅对银行保险机构重要，也需引起其他行业重视。服务留痕、过程可追溯是做好客户服务体验数据管理的重要途径，方便后续责任追溯，为服务品质提供有力保障，便于企业内部信息共享，也是企业运营风险防范的重要举措。

企业往往会规范服务可回溯的要求，然而执行时难免有时会忽视此环节的闭环管理。例如，客服中心质检在抽检客服人员录音时，除听录音外还需检查来电总结是否记录、工单记录是否完整正确、流程进度流转是否顺畅等，而不仅仅是检查客服人员接听电话的录音质量。

关键环节可回溯
重要信息可查询
问题责任可确认

"9" 原则九：
服务红线原则

投诉处理原则除了告知员工哪些是一定要遵守执行的外，还需明确哪些一定是不能触碰的底线。服务红线即一定不可做的行为底线。

- 安全不能打折扣。

安全经营、生产与服务永远是企业第一要务。在客户服务中，客户的财产安全、生命安全等无任何折扣可打。

- 信息保护机制。

企业应建立消费者个人信息保护机制，完善内部管理制度、分级授权审批和内部控制措施，对消费者个人信息实施全流程分级分类管控，有效保障消费者个人信息安全。

第三章 应诉原则力,降低客户不满意

一个例子 【用职务之便"关心"前男友】

一位消费金融客服中心女员工,利用职务之便查询前男友消费记录情况。作为金融企业,内部风控管理是非常严格的,员工的一言一行都会进行实时动态监控、数据管理、系统技术风控,任何行为都会系统留痕。虽然此员工只是想了解前男友近况,并无恶意或滥用客户信息之意,但该企业仍按规定将该名员工开除了。

案例分析:

客户信息管理不仅要防止客户信息外部泄露或滥用等,还需做好内部风控。企业在赋予员工责任的同时,也赋予了权力。强化合规意识,客户信息保护机制是客服工作的基本准绳,是不可逾越的服务红线。

● 信息披露机制。

企业需要建立并完善消费者权益保护信息披露机制,遵循真实性、准确性、完整性和及时性原则,在售前、售中、售后全流程披露产品和服务关键信息。

一个例子 【未知的汽车故障原因】

某地相关监管部门收到消费者徐先生的投诉,反映其于年初1个月前在某汽车销售服务有限公司购买了一辆油电混合轿车,但行驶不到半年已经出现4次断电情况,到店进行检修,商家告知需要联系厂家帮其维修,但一直未告知故障原因,一味让其联系厂家维修。不告知客户原因这样的欲盖弥彰之举,只会激起客户的猜疑。徐先生认为车辆存在质量问题,要求商家退车或换车,但商家告知其只能维修。协商无果徐先生投诉至相关监管部门。

接到投诉后，相关监管部门工作人员立即开展调查。经核实，涉诉车辆电瓶存在故障，但依据《家用汽车产品修理更换退货责任规定》未达到退车或换车条件，随后相关监管部门组织双方进行调解。经协调，商家同意为徐先生的车辆更换全新的电池，双方达成一致意见。

案例分析：

本案例中，消费者将汽车送到商家检修时，未被告知汽车故障原因，商家在一定程度上侵害了消费者的知情权，商家有责任将商品信息充分披露。问题不会因为不说就被掩盖掉，相反更容易引起客户的顾虑和担忧。

《中华人民共和国消费者权益保护法》明确规定，消费者享有知悉其购买、使用的商品或者接受的服务的真实情况的权利。虽然涉诉汽车未达到退车或换车的条件，但商家应酌情考虑消费者的购车体验，保护消费者合法权益，树立企业诚信经营的良好形象。

● 服务态度底线。

客户服务中不得出现辱骂、顶撞、突然提高音量等消极服务现象；不可出现长时间无应答、无故主动挂断客户电话等冷漠服务行为；不得出现冒犯客户的表情与肢体语言，且不能与客户发生肢体冲突。

在服务管理规范中需明确服务态度红线，不越矩是客服人员的职责所在，未做到就得按章处罚。

> 不越矩是客服人员的职责所在，未做到就得按章处罚。

● 不以公谋私。

客户服务中不能利用职务之便谋求个人利益，从而影响客户和公司利益。例如，百货行业顾客购物后未要求积分，导购不能将积分积到个人名下；导购不可以向不开具发票的顾客私自收款；拾获物品后不得占为己有，需归还顾客或提交相关部门统一保管待顾客自取。

原则十：反馈原则

客户反映问题后客服人员除了要快速受理、及时解决外，还需做好反馈的闭环管理。让客户知晓问题处理情况，盯紧问题处理进度。避免麻烦客户再次问询与跟催，减少客户对问题处理情况的担忧与顾虑。

【让人安心的反馈电话】

一次半夜，我突然除了脑子清醒，四肢逐渐麻木不能动，手脚像鸡爪一样无法张开也动弹不得，浑身是汗且呼吸困难，意识清醒地感受着无能为力。当时，只有我母亲和10岁的女儿在家。

记得在女儿上幼儿园时我就去她学校分享过呼叫中心客服工作的讲座，所以我女儿当时能非常理智地拨打120电话求救。接线员问了我的身体情况，电话中了解了我的呼吸状况，问询了我家地址后，再三与我女儿叮嘱，让她保持电话畅通，不要用这个电话再打电话，随时准备接听医护人员电话进行联系与反馈。接线员担心电话通话中导致无法接听医护人员电话，耽误救治。

此刻躺在床上的每一秒都是漫长的等待，老人只能着急地在电梯

见诉拆诉——一本有料又有趣的投诉处理书

口等着救护人员，嘴里不停念着"快来！快来！"，女儿一只手揣着电话在我身旁。那一刻，我们是多么期待接到医护人员的反馈电话，只有接到了反馈电话才能安心。过了三分钟反馈电话终于响起，医护人员告知我们已经派车，并再次确认住址后告知我们预计三至五分钟到达。

案例分析：

站在客户视角，反馈原则是在告知客户他的问题有人跟进，是让客户知晓进度让他安心，是在告知客户他的问题企业很重视。落地反馈原则是让客户体验省心服务的关键行为，能有效提升问题一次性解决率。

同时需要注意的是，企业内部要明确回复人员的权责安排。我们会发现客户投诉问题反馈到企业，最后会有多个部门对接客户的现象，这也会导致客户的困扰。

> 反馈原则在服务中的落地
> 是让客户体验省心服务的关键之一。

投诉处理原则体现在企业服务规范与制度中，然而真正要把这些原则执行下去并让客户有正向感知体验还是需要我们有将这些原则落地下去的能力。如果用形状来表示，制度与原则是正方形。它可以帮助企业统一对外服务标准、保障客户权益，同时让客服人员明晰应诉处理与客户服务的标准和底线，在解决客户投诉时做到有理有据。

投诉处理"言值"力则是在正方形里的圆。通过客服人员专业处理与灵活表达，传递企业责任意识，解决客户问题，并让客户感受不到原则的棱角，让服务更有温度。投诉处理是逆向拉升客户忠诚度的一门艺术，源于标准更高于标准。

第四章

客户安抚力，
跳出投诉"口水战"

安抚是客服人员披荆斩棘处理投诉的利器，而不是提供"跪式服务"的途径；安抚客户是处理投诉的其中一个环节，而不是做老好人无限制地容忍和退让；安抚亦不可能完全消除客户负面情绪，而是降低情绪对客户的影响。提升客户安抚力，跳出投诉"口水战"。

第四章 客户安抚力，跳出投诉"口水战"

安抚是客服人员披荆斩棘处理投诉的利器，而不是提供"跪式服务"的途径；安抚客户是处理投诉的其中一个环节，而不是做老好人无限制地容忍和退让；安抚亦不可能完全消除客户负面情绪，而是降低情绪对客户的影响。

安抚的目的是削弱客户对你的抗拒，削弱对你的不信任。能够让彼此跳出投诉"口水战"，将客户注意力转移到解决问题中。本章从倾听增量思维、学会正确道歉、巧妙运用赞美、同理心安抚、用询问代替指责五个维度分享了客户情绪安抚力。

倾听增量思维

倾听说起来容易，做起来不易。容易是因为我们从小都被教育要听话。小时候听父母的话，听老师的话；成年了听领导的话，听伴侣的话。不易是因为我们不是光竖着两个耳朵听就好。特别是处理投诉的专业人员，更需要具备倾听的增量思维，不能只是听到客户说的表面事实，需要客服人员有倾听的宽度；不能只是被动地听，需要客服人员有倾听的深度。

四维倾听法

大家在工作中应该会常常听到客户的一些抱怨,以下列举客户常见的抱怨之声,大家往往听到了什么?结合你的工作场景,请在下方横线中写出你听到的内容。

- 产品不好。
- 价格太贵。
- 操作麻烦。

_____

_____

当客户说"产品不好",如果客服人员只听到"产品不好"就会不断给客户介绍产品优势。

当客户说"价格太贵",如果客服人员只听到"价格太贵"就会不停解释价格的合理性。

当客户说"操作麻烦",如果客服人员只听到了"操作麻烦"就会不停解释设置操作流程原因,强调操作流程的合理性。

客服人员随时可能把一个抱怨的客户升级为投诉客户。客户常常投诉客服人员听不懂他的话,客服人员也苦恼于客户原话不就是在说产品问题、价格问题、操作问题……自己不就是在针对客户的疑问回答吗?

客户说"产品不好",并不一定是对产品不满,相反,产品不好还来抱怨,这可能说明了客户是有购买意愿的。客户极有可能是借产品不好之名,希望获得更低折扣。客服人员要听出客户的真实需求,并及时推荐有相同功能、性价比高的产品给客户，这样可能比客服人员滔滔不绝地说这款产品有多好更有用；客户抱怨产品不好不代表产品真的不好，也有可能是产品不适合对方，根据客户所需推荐产品，比一味与客户争辩产品的好坏更容易赢得客户的心；如果客户更在意赠送的礼物，客服人员可以从服务附加值、产品稀缺性等维度跟客户沟通，让客户感受到有多得感。

客户说"价格太贵"，客服人员除了听到客户对价格的不满，也应听到客户希望获得更多收益感。与其不停跟客户强调价格的合理性，不如也讲讲可提供的增值服务、可创造的附加值，以及是否有相关赠品、礼物等。

客户说"操作麻烦"，不一定真的是觉得操作不便，有些客户可能是没耐心等待、有些客户是不想操作，希望客服人员都帮他弄好。客服人员除了给客户解释流程设置的原因外，更应去听听客户是否有代为操作的需求，想想是否还有更便捷的方式提供给客户。

只听事实，最多只能做合格的工具人。只有倾听到客户更多信息，才能高效解决问题，这就要求客服人员在服务过程中具备倾听增量思维。需要客服人员从事实、情绪、前提、目的四个维度更全面地倾听客户。

只听事实，最多只能做合格的工具人。

见诉拆诉——一本有料又有趣的投诉处理书

一个例子 【 客户的抱怨 】

客户抱怨说:"这个项目怎么拖了这么久!明天来我们公司对一下进度!"

案例分析:

从倾听的四个维度你听到了什么?

事实就是这段话里包含的客观事实。在这个例子中,事实就是明天去客户公司对项目流程。

情绪就是在描述客观事实时带有自身的情感。在上述例子中,客户如果笑着跟你说,说明还是很注重合作关系的;如果情绪有些激动急促,说明客户对现状是很不满的。

前提就是每一句话的背后都可能隐藏了这个人对某件事的天然想法,只是他没有明确地说出来。这个案例中,客户可能内心有自己对项目完成进度的预期,出现了实际进度与他的认知进度差异,对方可能更多抱怨的是自己失去了项目的掌控感。认为目标没统一,反馈不及时。

目的就是客户说这段话不仅表示了他说这段话的意思本身,还含有想通过这句话实现的目的。案例中,客户希望项目能如期按时完成交付。

专家级投诉处理人员和普通客户服务人员很重要的能力区别之一就在于,专家级投诉处理人员不仅能听到事实,还能听到一段话多层次的含义且有针对性地做出回应,让客户觉得你懂他,从而建立良好关系。

大家可能会困惑,和客户说一句话还要想明白四个维度再组织语言回复吗?

当然不一定。在投诉处理沟通中,**从你听到最重要的倾听维度开始沟通,你就是善解人意的人。**

· 082 ·

第四章　客户安抚力，跳出投诉"口水战"

倾听增量思维：事实　情绪　前提　目的

【套餐费用质疑】

客户说："你们套餐有按月计费套餐，也有半年计费套餐，有什么差别？为什么你们只推半年计费套餐呢？"

案例分析：

这个案例中客户目的很明确，他对产品是有兴趣的，是有购买意愿的。客户虽然对销售的服务有些不满，但这句抱怨的重点在于四要素的"前提"。客户对费用的考量并未明说，他对时间非常在意，更重要的是按月计费的产品价格可能是他更容易接受的。客服人员可询问客户对时间是否有特定的需求，以此展开服务沟通。

【我要取消所有业务】

客户抱怨："你们服务这么差，我要取消在你们这儿的所有业务！"

案例分析：

这个时候沟通的重点一定不是事实本身，该投诉案例处理的重点要放在"情绪"处理上。认真倾听客户的"情绪"，让客户把不满都说出来，本身就是在帮客户做情绪释放与舒缓。

当客户跟我们发脾气时，你给他提解决方案是没有用的，因为他首

· 083 ·

先需要你接纳并承认他的情绪是正当合理的，并已经跟他感同身受了，他才会听一听你的解决方案，否则他根本不会相信一个无法共情的人提出的解决方案。

客户经常抱怨，他说了那么久为什么投诉处理人员就是无法理解，其实并不是说我们没有理解他的意思，因为事实总是最容易理解的，其实是没有理解到对方的关键维度，并从关键维度去回复。

大家刚开始使用四维倾听法，往往会认为跟客户沟通要思考这么多太麻烦了。这是因为我们过去可能不是从这四个维度去倾听，当你通过练习养成这种倾听习惯，并能抓住倾听到的重点维度与客户沟通时，你会更容易解决与客户之间的认同分歧，降低自己处理投诉的费力度，提升投诉处理的效率。

倾听的层级

据生理学家研究表明，倾听者的思维速度比说话者表达速度快四倍，往往表达者还没说完，倾听者会明白大概意思或者揣测表达者的想法。所以倾听时不同程度的分神也是生理本能。能克服生理本能，耐心倾听客户反馈，是投诉处理人员必备的职业素养。

人际关系专家认为，要想成为一名卓越的倾听者，首先要认识自己的倾听行为。按照影响倾听效率的行为特征，倾听可以分为五个层级。

第一个层级：忽视地听。这一层级倾听者往往心不在焉，几乎不注意说话者所说的话，听而不闻，抑或左耳朵进右耳朵出，心里盘算或考虑着其他事情。

不知大家处理投诉时是否经历过这样的场景，客户不停地抱怨，我们心里却一直想着怎么说服对方，甚至客户没有讲完就直接打断。

倾听的五个层次

- 忽视地听（完全没有听）
- 假装在听（假装认真在听）
- 选择性地听（只听到某一特定部分）
- 专注聆听（全神贯注，关注谈话中的每一个词）
- 同理心聆听（听懂对方的动机、愿望和处境。融入对方的思维模式。从感性和理性的角度去理解对方。）

这类倾听者真正感兴趣的不是听，而是说，他们虽然表面上在听，心里却迫不及待地想要说话。

第二个层级：假装在听。这类倾听者会通过语言和行动虚应对方，假装在认真倾听，往往被动消极地听说话者所说的内容，常常忽视或错过说话者的表情、眼神等所表达的意思。因此常导致倾听者出现误解或错误的反馈，从而激化客户不满。

例如在接待客户过程中，客户自顾自说，投诉处理人员在一边对着电脑做着自己的事情，一边满口虚应对方，"对、对、对""是、是、是""嗯、嗯、嗯"，或不停点头示意，假装在认真倾听。这样往往容易听漏客户信息，甚至错误回复客户，而后又要麻烦客户重新讲述一遍，极易引发投诉升级。

第三个层级：选择性地听。"鸡尾酒效应"告诉我们，在鸡尾酒会嘈杂的人群中，两人可以顺利交谈，尽管周围噪声很大，但两人耳中听到的是对方的说话声，彼此似乎听不到谈话内容以外的各种噪声。因为双方的关注重点都放在谈话主题上了。这揭示了人的一种听力选择能力。

人往往喜欢听自己觉得重要或感兴趣的事情，这会让我们只听到部分特定内容。因此客服人员在应诉沟通时一定要克服选择性倾听的习惯，充分发挥倾听增量思维力量，听取客户关键需求，解决客户核心问题。

第四个层级：专注聆听。这一层的倾听者主动积极地倾听对方所说的每一句话，很专心地注意对方的一举一动。能以复述对方的话来表示确实听到。例如，听完客户投诉的问题后，客服人员可以重复客户讲到的内容，向对方表达自己在认真倾听，同时确认倾听的准确性。

第五个层级：同理心聆听。这一层的倾听者不仅能听到对方的动机、愿望和处境，还能融入对方的思维模式进行换位思考，从感性和理性的角度去理解对方。不仅需要聆听时与客户情感共鸣，将对方情绪合理化，还需要能转述对方内容，表达你是真的理解了他。

倾听做到哪一层级算好呢？这个不能一概而论，要看企业内部服务标准如何制定。工作中建议做到第四个层级的专注聆听，至少能复述客户的内容。因为前三个层级或多或少存在倾听态度问题。

需要注意的是，如果你做到了倾听的第四个层级，但是在服务中总是重复确认客户的问题，对方也会觉得你没认真听，只是听到了他的内容，但并未真正理解。同时面对一些骚扰型客户，比如客服人员接到了辱骂性、骚扰性电话是可以选择性倾听的，甚至在公司规定允许的情况下挂断电话。

倾听的"五到"

课堂上常问大家，倾听和表达哪个更容易，大家往往会觉得倾听更容易，因为觉得倾听就是竖着两个耳朵听就可以了。然而在投诉处理沟通中，倾听不是一个动作，而是一个过程，需要做到耳到、眼到、手到、口到、心到。

耳到。投诉处理中，客服人员需要用耳朵耐心聆听客户之声，能理解并转述客户所说的内容。在服务中，很多时候大家会想到认真倾听以便更好说服客户，然而专家级投诉处理人员更会去思考如何更好地倾听客户。

眼到。面对面处理投诉时，你的眼睛也在说话，如果你的眼神闪躲，就已经在向客户示弱了，这会助长客户投诉气势，他可能会越说越激动。客服人员的眼神无须犀利，但需笃定和自信。投诉处理中目光可注视的区间主要有以下两个范围。

- 第一注视区间。两眼为底线，前额上部为顶点所连成的三角区域。注视这一区域可让人感觉严肃认真、具有权威，让对方产生压力。
- 第二注视区间。两眼为上线，以下额为顶点所连成的倒三角区域，容易形成平等的感觉。

客服人员可结合投诉处理时的沟通氛围，灵活选择和调整注视区域。同时需要注意的是，客服人员的眼睛不要一直盯着客户看，这样容易让客户产生不必要的误会。

当然如果你是线上客服人员，虽然无须与客户面对面进行眼神交流，但是你的眼睛也需要去加强关注客户的信息，帮助客户在知识库中查找所需资讯。

见诉拆诉——一本有料又有趣的投诉处理书

手到。面对面处理投诉时，客服人员带上本子和笔，记录下客户的需求，以表达对客户的重视。线上处理投诉时，客户一边说，客服人员就要一边记录下客户的信息，如姓名、联系方式、事情经过、诉求等都是需要客服人员关注的。这对线上客服人员来说是非常高的要求，不光要及时查找知识库，还需要记录来电总结或工单，在 KPI（关键绩效指标）中会设置话后处理时长、工单记录准确性考核。这要求线上客服人员不仅打字速度要快，和客户沟通时还需具备速记的逻辑表达能力。

口到。客户一边说，客服人员一边需及时响应，不然客户会觉得客服人员敷衍不认真。线上客服人员如果半天无响应，客户可能以为已无人为其服务了。特别线上 WebChat 客服，很多企业基本一个客服人员至少对应五个客户，为避免长时间无应答，就需要客服人员快速响应。

心到。在投诉处理中，客服人员心也需及时到，需要同理客户，同时将专业知识转化为客户易于理解的表达方式传达给客户，而不是照着产品信息、服务条款像复读机一样念给客户。

就多年投诉处理经验来看，应诉处理中心人到场是远远不够的，还需要客服人员的心提前到。特别是在一项新业务上线时，培训师也培训了相关知识，但是实际服务客户的时候，很多客服人员很难立刻熟练地答复客户，甚至还会质疑这个内容培训师。很多时候心在投诉处理时才到可能就迟了。在新业务上，不仅需要客服人员学习相关知识点，还需要提前思考客户可能会问什么问题？哪些问题容易引发客户投诉？如果客户投诉怎样应对？面对客户投诉从容不迫，往往需要客服人员进行前置化预设将心提前到。

过去，我在银行客服中心为提升客户服务体验开展了专项服务提升项目，同时请了行业专家入驻企业辅导，并提出了服务的三个关键行为。这三个关键行为就是客服人员在服务中必须说的三句话，分别是电话开头语需要说"您好，请问有什么可以帮您？"电话结束前需要说"请问还有什么其他可以帮您的？""感谢您的来电，祝您生活愉快，再见！"拿到今天来看，大家觉得很简单，但对十几年前的客服人员来说是非常难的。不是难在这几句话，而是表达习惯太难改了。过去个人都有自己的问候和电话结束表达方式，当全行要统一服务表达时，大家习惯很难一下改变。这也就要求客服人员必须做到心提前到，把新的知识点和流程要求变成服务中的一种习惯。

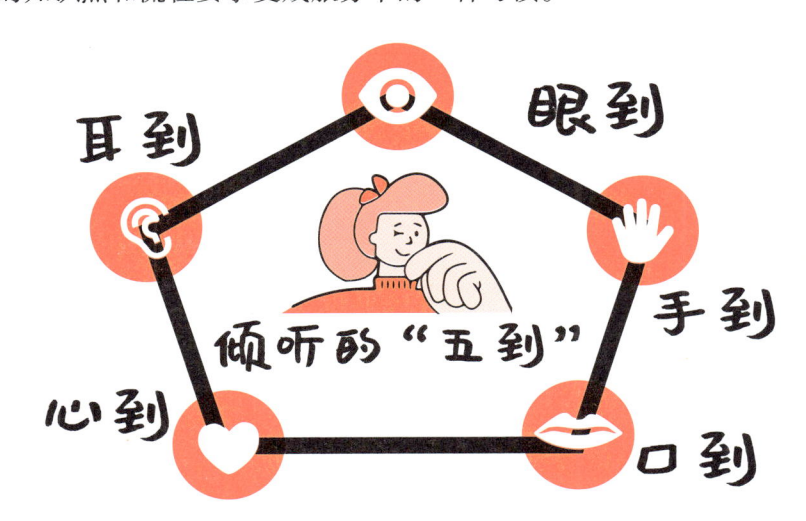

倾听的"五到"：耳到、眼到、手到、口到、心到

倾听的禁忌

客服人员往往身经百战，受理过形形色色的投诉问题。特别是经验丰富者，经验是他们处理投诉的"盔甲"，有时也会成为他们服务时的思想壁垒。还没听客户说完，便容易先入为主地贴标签、打断客户、输出观点与建议。在投诉处理时，为避免未认真倾听而导致不专业的

误判，客服人员在沟通时应注意以下四项倾听禁忌。

自我中心。倾听时客服人员不是主角，客户才是。不要急于打断客户，表达自己的观点。

匆忙下结论。在客户未说完前不要急于下结论，耐心听完，再做出判断不迟。

故作姿态。装作认真在听，其实只是敷衍。尽管满口"是、是、是"地答应着，但也许根本没在听，不过是摆出听的姿态而已。

不要轻信。在处理投诉时，客服人员要诚心诚意解决客户问题，同时客户说的不要立刻质疑，但是也不要轻信。

> 一个例子 【银行自助设备存款未入账】

记得刚大学毕业那会儿，我去银行网点做大堂经理实习时，一位客户到网点投诉，他说在设备上存款 200 元到信用卡但未到账，要求银行调账处理。后来设备维护人员来开机查询，并未在设备上发现客户说的 200 元流水记录。

案例分析：

如果当时我轻信客户，满口答应客户调账，结果未给客户上账，极有可能引发客户投诉。所以，认真倾听客户的同时关键还是要核实确认后才能回复客户。

学会正确道歉

决定客服人员线下投诉处理质量的，不是看服务中好的地方有多亮眼，而是看如何处理危机。在危机处理中决定着客服人员和客户关系的关键，往往是在处理道歉时的场合。如何道歉能让企业和自己不失体面，保持尊严还能赢得人心呢？以下整理了五个方法技巧供大家参考。

为"糟糕的体验"道歉

大家在处理投诉时是否听到过客户以下这些抱怨。

- "你们服务太差，整个服务过程中我没有听到你们说一句抱歉！"
- "这个问题你们说是谁的错？"
- "不用跟我说这些抱歉的套话！"

常常有人觉得，我没有做错，我也没有说错，我凭什么道歉。认识固化，情绪僵化，言语便会犀利化。道歉并不是一件容易的事情，因为大家会认为道歉就是在承认错误，承认错误就是自毁形象，就得承担责任，会激发客服人员的自我防御意识。

客服人员无须为自己"正确的行为"道歉，但需为客户"糟糕的体验"而道歉。 不管是否有错，客户体验不好，客服人员都应及时道歉并安抚好客户情绪。

客服人员无须承认莫须有的错误，但需表明主动担责的意愿，对客户反映的问题积极受理。如果客户一直质疑是谁的错，那么客服人员可以在核实后第一时间回复，无须在处理投诉时和客户辨别是非曲直。

为何客服人员的道歉会让客户觉得是套话？客服人员的道歉如何给客户真诚感？如何不让客户觉得客服人员是复读机式的安抚？客服人员一定不要将"非常抱歉"反复重复，否则换来的是客户的"机械感"，自己的"无奈感"。

见诉拆诉——一本有料又有趣的投诉处理书

对不起~
很抱歉~

无须为自己"正确的行为"道歉,
但需为客户"糟糕的体验"而道歉。

说出对方的情绪

处理投诉时你是否经历过以下场景。

客服:"先生,您不要生气!"

客户:"我怎么能不生气,这事是没发生在你身上,越想越气!"

客服人员本好意安抚,但似乎成为让客户更加生气的导火索。客服人员让客户不要生气,可是对方却越来越生气。这种情况正是心理学中的"白熊效应"。美国哈佛大学社会心理学家丹尼尔·魏格纳做了一个实验,他要求参与者尝试不要想象一只白熊,结果人们的思维出现强烈反弹,大家很快在脑海中浮现出一只白熊的形象。

因此,客服人员越和客户强调不要生气,他反而越发生气。有的客服人员会问为什么和有的客户说不要生气,他就真的没生气呢?那是因为客户本身没有真生气,或者客户本身很理智,更专注于如何解决问题,这时客服人员让客户不要生气才奏效。

在心理学中"生气"是第二情绪。生气的背后还有客户更深层次的需求，比如害怕、失望、委屈、担忧、羞耻、困惑等。

例如，孩子回家晚了，一进门妈妈就生气地说："怎么这么晚才回来？"这样的生气背后其实是一种担忧，对孩子晚归的一种忧虑；重要节日爱人没送你礼物你生气，其实表达的是没有被在乎的失望或委屈；客户恼羞成怒的话语，包含了希望自己的问题得到客服人员的重视。

面对生气的投诉客户，除了看到对方激烈的负面情绪，还应从中找到生气背后的需求。说出对方的情绪，使对方感受到自己被理解；说出对方的愿望，将关注点引导到解决问题。比如，"听您这么说……我知道您也是担心……；通过跟您沟通……我知道您也是希望尽快把问题解决，或是希望我们重视这个问题，又或是希望此事能得到改善……"

情绪合理化

客户情绪上头的时候，需要有人帮他把情绪合理化，这样他才能感受到自己被理解，感受到有人愿意帮他。所以，很多时候客户要的并不是客服人员承认错误，而是情绪被看到、被理解的感觉。

你是否曾说过以下抱怨的话语。

- 你向爱人抱怨工作压力大，对方说："成年人谁没压力？不要小题大做！"
- 走在黑漆漆的小路上，你跟朋友说很害怕，对方说："不至于吧！女汉子也怕黑？"
- 你赶时间希望出租车司机师傅开快点，对方说："催也没用，前面这么堵！"

如果是你发出以上抱怨，你听到如上回复，你的感受如何？你可能觉得爱人并不关心你，朋友并不了解你，出租车司机师傅服务态度不好。往往我们更希望听到类似如下回复。

- "你最近工作确实辛苦了，今晚我来刷碗！"
- "确实，这小路太黑了，怪吓人的！"
- "这么堵，确实闹心！"

由此可见，将客户情绪合理化，能更好地让对方摆脱愤怒。引导客户正确释放和转化情绪，促进投诉高效处理。

> 将客户情绪合理化，能更好地让对方摆脱愤怒。

第一人称单数道歉

第一人称单数道歉，即用"我"来道歉。客户反映的问题可能是产品问题、其他渠道服务问题、制度问题等，不要一听不是自己的问题，就立刻请客户联系对应窗口。首先要及时安抚客户，积极表达没给客户带来好的服务体验的歉意。比如可以说"如果由于……没有给您带来好的服务体验，我向您表示歉意"，体现了客服人员的主动服务意识和责任担当意识。

巧用感谢代替道歉

当客服人员实在道歉不出来时怎么办？可以用感谢代替道歉。特别针对一些提出"无理"要求的客户，不用道歉去强化客服的负向行为，而用感谢去肯定客户的积极行为。比如，在客服中心服务高峰时段，会出现电话较长时间打不进去的情况，常出现如下沟通场景。

客户："喂喂喂，你们电话怎么半天打不进去啊？你们服务真是差！"

客服："抱歉，让您久等了！"

客户："你也知道让我久等了啊！"

面对这样情绪激动的客户，此时，客服人员感谢他的耐心等待，往往更能有效安抚他的情绪；肯定他的积极行为，不易引发他的逆反心理。

在涉及媒体型客户时，客服人员如未在企业授权情况下，是不适合直接代表企业去道歉的，任何投诉问题都有待企业核实查证。此时，客服人员用感谢代替道歉，既能及时安抚客户，又避免了不合时机的道歉。

> 不用道歉去强化客服的负向行为，而用感谢去肯定客户的积极行为。

巧妙运用赞美

人人都渴望得到赞美，就好像人人都需要空气一样。美国心理学家威廉·詹姆斯曾说过，人性中最本质的愿望，就是希望得到赞美。需要赞美是人的本性，投诉客户也不例外。再温和的否定都易被看成粗鲁的拒绝，在投诉处理中学会发现客户可赞之处，真诚且恰如其分地赞美，你会发现投诉客户也会对你友善起来，你也会交到更多客户朋友。

别让赞美变奉承

让人无法拒绝的赞美，是用心观察而得出的真实感受。发现一个优点是赞美，发明一个优点是奉承。别让你对客户善意的赞美变成了假意的奉承。

有效赞美

一次有效赞美，会为你的投诉处理打开一扇大门。以下六个方式可帮助你判断赞美是否有效：一是看对方的目光是否柔和些了；二是听声音是否亲切些了；三是看面部表情是否放松些了；四是看肢体语言是否向你倾斜些了；五是看对方表达用词是否和善些了；六是看客户是否更愿意听你说了。

没有客户不爱赞美，他不爱的是你的赞美技巧。

如果是无效赞美的话，客户可能会无动于衷，也可能会回击一句不好听的话。

没有客户不爱赞美，他不爱的是你的赞美技巧。

让客户受用的赞美技巧

先抑后扬式赞美。这里和大家分享一则关于唐伯虎的民间故事。

相传，一户大户人家大摆宴席为老母亲贺寿，邀请了唐伯虎赴宴。酒酣耳热之际，众宾客纷纷祝贺，说了许多华贵的绮丽贺词。这时再美好的辞令也显得很平常。唐伯虎来了一回"耸人听闻"，他向主人献了一首诗，唐伯虎慢悠悠地对着寿星念道："这个婆娘不是人。"

这一句可谓语惊四座，大家以为唐伯虎醉酒失礼，唐伯虎还是慢条斯理地念下去："九天仙女下凡尘。"

宾客纷纷拍掌称绝。唐伯虎又念："生得儿女都是贼。"刚缓和的神经又紧绷了，大家又被镇住了，鸦雀无声，听他又念下一句："偷得蟠桃献母亲。"

唐伯虎此时就是典型运用了先抑后扬的方式，从否定到肯定。客服人员在投诉处理中运用此方式对客户赞美时，一定要拿捏好度和频次，过于滥用也有夸张献媚之嫌。

先抑后扬的方式同样适用于对企业自己的赞美。例如，当客户质疑企业产品时，客服人员常下意识地马上解释，想说明产品优势，也就是直接运用"扬"。面对客户投诉，直接就夸自己企业产品，难免会有王婆卖瓜自卖自夸之嫌，客户也易觉得客服人员都是替企业说话的，没站在客户角度考虑，不是真的想帮他。这时客服人员不妨运用先抑后扬的方式来赞美自己企业的产品。但运用此方法时需注意以下两点。

- 借助同理心来"抑"。

不管客户否定的内容是什么，客服人员只认同他的感受。客户质疑产品质量，客服人员可以理解他的顾虑；客户投诉服务时效，客服人员可以理解他的担忧；客户抱怨制度流程不便捷，客服人员可以理解他想尽快把问题解决的心情。

当客户投诉抱怨时，在没核实清楚前不要直接说"您说的是""我也觉得……""……确实有问题"等语句。客服人员可以借助同理心表达理解客户，让客户觉得客服人员是理解他的，是愿意帮他解决问题的。

- 借助其他客户来"扬"。

借助其他客户的体验反馈来赞扬产品、服务、制度等。客服人员只是其他客户的转述者，这样会提升说服力。

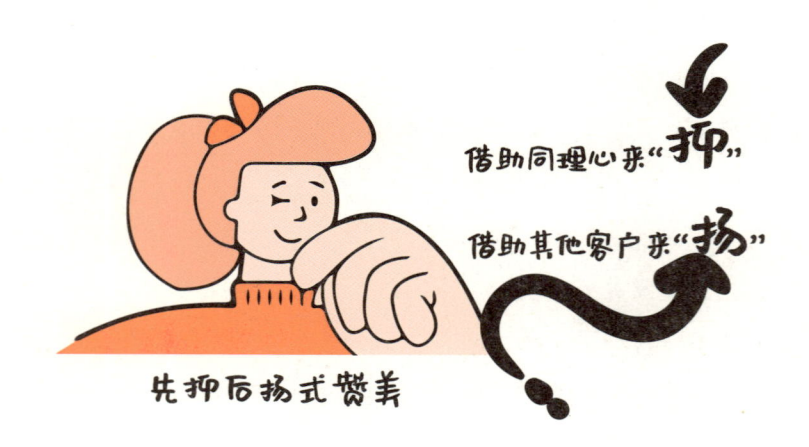

先抑后扬式赞美

【同业服务对比】

客户："我之前买了你们的重疾保险啥都没送，后来听朋友说他在其他家买了同类产品，还送了礼品。我现在也想给家人买，都有点犹豫要不要买你们的了。"

客服："我能理解您的顾虑，相信您之前也是基于认可我们的保险产品及服务才购买的（先"抑"，即不管客户抱怨什么客服人员只同理客户），其他顾客购买我们的保险后发现我们赔付及时、保障全面……（后"扬"，即借助其他客户的反馈）"

客户："保险不都差不多吗？"

客服："我相信您和其他顾客一样，购买保险产品时不光看重产品，也十分注重售后服务保障（借助其他客户的反馈）。每家企业在不同时期做的活动不一样，如果您现在购买××产品，将享受……"

案例分析：

这个案例中客户对企业服务存在不满，期望得到更多附加值，这个时候客服人员就可以用先抑后扬式赞美来管理客户期望，同时肯定自己公司的产品与服务。

借力赞美。直接赞美过了头，会让赞美变成了恭维。借力赞美就是找一个优秀或者可敬的人来烘托要赞美的客户。

● 借助个人特点去赞美。

如果因为很少向客户表达赞美而不习惯，那就从简单的赞美开始。可借助对方籍贯、工作、外貌、特长、家庭背景、个性特点等来赞美客户。例如，"您是武汉的啊！大江大湖大武汉，好地方啊""王先生，你们医生平时工作很辛苦，可以考虑海边放松的旅行行程""您换新发型了啊，这个发型很符合您的气质，利落干练""王姐，没想到您平时那么忙，对茶还这么有研究"等。真诚赞美的背后是积极关注，需要客服人员在和客户接触过程中，把注意力放在对方身上，同时敏锐地捕捉要赞美的内容。

- 借助优秀第三方赞美。

在赞美一个人时，举一个或者一类有公信力、权威力及具有一定影响力的人，借助他们来烘托要赞美的客户。例如，"素女士，您真有眼光，××公司也关注到我们这款新产品，刚和我们签订了合作合同。"

- 借助对比赞美。

优秀很多时候是比较出来的，在不刻意诋毁别人的基础上，可以**通过和其他人比较，给对方赞美**。

例如，医护人员给患者换药时，患者喊痛连连。若护士直接说："有这么疼吗？忍忍就好了！"等类似语句就难免显得生硬没有同理心。同时，这样表达也容易引发医患矛盾。

"您这还不算喊得厉害的，之前有患者换药都疼哭了。您还是挺能忍的，我也轻点。"通过这样的对比赞美，将患者的情绪合理化，安抚患者的同时，也鼓励了患者更好地管控情绪。

真诚的赞美来自细心观察，如难以发现对方优点，又不能凭空捏造，不妨**从对比中发现客户的可赞之处**。

> 从对比中发现客户的可赞之处

- 借助示弱赞美。

客服人员也可以适时表现不完美的自己。**通过自己的示弱来突显**

对方的强大。人经常喜欢比较，事与事要比，人与人也要比。每个人在内心深处都希望能够赢过别人，并获得优越感。当强调对方"强"的时候，就满足了客户的心理需求，更易获得对方好感。

有位社会学家曾做过一个实验，他找来四个人做测试。

第一位很有才华，且讲话过程中没有失误；

第二位也很有才华，只是讲话中碰翻了杯子；

第三位才华中等，讲话过程中没有失误；

第四位才华中等，在讲话中碰翻了杯子。

想想看，哪一个人最受欢迎呢？实验表明第二个人最受欢迎。你有着非常丰富的投诉处理经验，但无须在应诉处理中处处占上风。有理不在声高，大声是无计之举；应诉没有输赢，不争口舌之快；示弱并非无能，合理露怯乃谦虚。

> 有理不在声高，大声是无计之举；
> 应诉没有输赢，不争口舌之快；
> 示弱并非无能，合理露怯乃谦虚。

- 借助自己的感受进行赞美。

如果面对投诉客户，赞美的话难以出口，袒露自己的积极情绪也是一种赞美的方式，而且会让对方觉得你很真诚。类似于"很开心您能把问题反馈到我这里，这也是对我们的信任""欢迎您多给我们提供宝贵意见，这也是在帮助我们进步"。当你难言赞美之词，可表喜爱之情。

间接赞美。真诚坦白地直接赞美固然不错，但假若表达不当，可能会引起客户的不快，会给对方拍马屁用力过猛的感觉。适时用间接赞美法，让你对客户的赞美不显得那么生硬。

● 当着其他人的面间接夸赞对方。

复杂的投诉往往不是一个部门或一位客服人员能处理的，需要团队和同事们的相互协助配合，当客服人员与其他部门共同处理投诉时，这时可以赞美客户，应主动介绍客户给其他同事，如"这是我们重要的 VIP 客户，麻烦您尽快帮忙跟进处理一下。"因为客户往往也不好意思直接说自己是 VIP 客户，你可以当着客户面，跟其他同事间接夸赞客户。

- 借助第三方赞美。

1983年，美国哥伦比亚大学戴维森教授提出"第三人效应"。在传播与说服心理学中，人们通常把第三人佯装无意间转述他人的某种意见，或创造某种条件让对方间接地听到你对他的评价与关注，从而产生意想不到的传播效果或劝说效果的现象，称之为"第三人效应"。因此，在人们观念中，总认为第三方所说的话比较公正客观，借助第三方转述对投诉客户的赞美，更容易获得对方的好感和信任。

比如VIP大客户多次致电客服中心，对服务很较真，整个客服中心都知道这位客户。你第一次接待客户，客户和你也并不是很熟，直接赞美显得很生硬，未必能拉近你与客户的距离。

这时可以借助第三方来赞美："难怪听我们之前同事说您是我们VIP老客户，而且十分专业。"这样的赞美客户更受用，也没有阿谀奉承之嫌。

- 背后赞美。

背后赞美即在客户不在场的情况下，说些赞美他的话。赞美的话不直接与对方说，通过其他人让对方知道，这是一种高明的技巧。在背后称赞人，往往会取得意想不到的效果。人往往喜欢听好听的话，然而最有效的好话是在第三方面前说。

肢体赞美。 赞美不一定是固定的语言表达。客服人员不要把思绪停滞在该如何赞美客户这样的顾虑中，而要把更多注意力集中在客户身上。有时，客服人员一个赞许的目光、一个微笑、一个点头、一个赞赏的手势，都能表达对客户的肯定和赞美。

赞美注意事项

- 不要创造优点赞美。

要恰如其分地赞美别人是一件不容易的事情。客服人员要发现客户引以为豪、喜欢被人称赞的地方，然后对此大加赞美；尚未确定的优点，最好不要胡乱称赞，避免自讨没趣，反而遭到客户反感。

- 赞美越具体越好。

赞美越具体，说明你越关注对方，从而拉近彼此关系。具体化的赞美往往更易让对方感受到真心实意。

- 多从平时未关注到的细节赞美。

赞美客户不仅可以从他最突出的方面来谈，其他细枝末节，特别是平时别人没太注意到的细节受到赞扬更能令人高兴。最闪光的一面往往最容易被发现，听到的赞美多了也就麻木了。赞美一个微小举动、一件微小的事，往往更容易给对方留下深刻印象。

第四章 客户安抚力，跳出投诉"口水战"

同理心安抚

同理心测试：以下三个场景在您生活中是否出现过？
- 看电影时，被剧情感动得潸然泪下。
- 别人吃东西，自己不饿但嘴巴会觉得寂寞也想吃。
- 别人打哈欠，自己也跟着打哈欠。

课堂中做这个测试时，大家往往都表示曾经出现过。同理心是我们天生就具备的，比如看电影因故事情节感人而潸然泪下；比如看到别人吃东西很香，你也很想吃；比如别人打哈欠，你也会跟着打哈欠。这些都是同理心的体现。

同理心是在人际交往过程中，能够体会他人的情绪和想法，理解他人的立场和感受，并站在他人的角度思考和处理问题的能力。作为一个专业的投诉处理人员，要知道运用同理心来安抚好客户。那么，如何讲能让客户知道你有在用同理心倾听他？如何表达能让你的同理心外化展现出来？如何说能让客户感知到你的同理心？同理心的安抚表达是所有投诉处理人员需要不断精进的一项技能。

正在阅读本书的你，当你向客户表达同理心时，一般都怎么说呢？你可以将你所能想到的说辞写在下方横线上。

_____

_____

在课堂上调研时，我听到最多的是以下两种说辞。
- 您的心情我能理解。
- 如果我是您的话，我也……

一次辅导银行选手参加行业好声音比赛进行实操三分钟情景演练。

可能由于紧张，一位选手整个三分钟演练出现了九次"您的心情我能理解"的语句，这样的沟通实在难以安抚投诉客户，听来就是工作流程中的套话。

于是我请对方思考是否还有其他说辞，她想了一会儿说："我能理解您的心情"，就是把主谓宾结构给更换了一下。我这里把"您的心情我能理解"类似话术定义为同理心1.0版本，"如果我是您的话，我也……"定义为同理心2.0版本。同理心3.0版本的表达逻辑是"认同＋转述"，不需要用多华丽的安抚辞藻，只需要认同对方感受并转述对方的话。

同理心1.0 您的心情我能理解

同理心2.0 如果我是您的话，我也……

同理心3.0 "认同＋转述"

认同。纵使觉得难以理喻，也需找到共识认同客户。对客户正确的观点表示认同，对客户错误的观点可以认同对方的感受。实在难以认同，就将客户情绪合理化，客户也会觉得你理解他了。

转述。基于我多年投诉处理经验发现，好的安抚不一定是给对方建议，不一定是给对方讲大道理，不一定是"你不要生气"这样看似安抚的表达，而是要学会"讲废话"。在安抚客户时，客服人员可用转述的方式表达理解对方，明白他的内心需求，是懂他的。为什么这里用的是转述而非复述，复述需要注意使用的频次，使用过多客户可能以为客服人员依然没有认真听，只是听到但没有听懂，所以需要通过转述反复去确认。同理心3.0版本没有具体话术，可结合不同对话场景去认同对方，转述对方的话。

同理心3.0版本看起来十分简单，但实践起来还是有一定难度的，因为这意味着客服人员要将注意力都放在对方身上，认真听对方讲，放下自己的主观臆断，从而做到真正理解对方的想法和感受。

一个例子 【投诉业务赠送的礼物不吉利】

某寿险客户（65岁阿姨）致电客服热线投诉业务员。她认为业务员送老虎摆件放家里后导致诸事不顺。她的父亲去世了，她觉得都是因为业务员送的摆件不吉利，执意要投诉业务员。

案例分析：

站在业务员角度，赠送附加值小礼品本意为提升客户体验，没想到反而好心办坏事；站在客户角度，基于自己的理解，将所有不如意归结到业务员；站在投诉处理人员角度，业务员没错，客户相信什么是她的自由，让投诉人员处理起来着实为难。分析客户致电投诉的真实需求，客户无非有以下三种需求可能：第一，面对家人离世，并且诸事不顺，心里一定诸多不快，这时她有情绪宣泄的需求；第二，投诉惩戒业务员需求；第三，将问题归结业务员，希望获得补偿需求。

● 面对情绪需求。

客服人员需要做好安抚，巧用共情代替解释。例如，"女士，您节哀。我知道您致电来内心有诸多不快，毕竟亲人离世谁都会很伤心（认同客户感受）。您今天虽然是来投诉，可我能听得出来您对您父亲的不舍和遗憾（转述客户表达的内容）。"

此时千万不要一听到客户诉求，就帮业务员去解释开脱。业务员赠送摆件的好心，客户不是不知道，她之所以还要来投诉，是面对家人离世、诸事不顺的意难平。客户难过的心情除了安抚外，最需要的是耐心倾听的耳朵。

- 如客户执意要投诉业务员，表达歉意并及时受理。

例如，"如果我们同事在服务中有考虑不周的地方，我向您表示歉意。您有什么不满都可以跟我说，我这里第一时间受理。"毕竟企业内部投诉也有认定标准，不是所有客户投诉最终都会判定同人是有责投诉。

- 若客户希望获得补偿，做好客户期望管理。

礼品是额外赠送的，客户可以选择是否接收。如觉得礼品不妥，可以丢弃或归还处理；如还是不接受可考虑是否有其他等值礼品做置换；如依然不接受，客服人员就需请示与明确企业此类案件底线。总之，对于这类情绪导向型客户，客服人员多提供客户情绪价值管理，物质求偿需做好客户期望管理。

同理心运用注意事项如下。

- 共情时不讲道理。

共情时讲道理，犹如一把剪刀无意中剪断了与客户的关系。客户一投诉就跟客户讲道理，明显站位是你对他不对，你懂他不懂，你高他低，此时再正确的道理，客户都是听不进去的。

第四章　客户安抚力，跳出投诉"口水战"

- 同理客户别忘记理解自己。

不要对自己过于苛责，大多数投诉客户主要针对的是企业产品、规章制度等，而不是针对你。同理心并不意味着你必须对自己的缺点认同，而是保持中立，悦纳自己在投诉中的情绪。情绪是本能，管理情绪是本领。投诉处理时既不咄咄逼人，也不失去自己的立场。

- 不要过度共情。

共情者往往能捕捉到他人注意不到的细节，敏锐度极高，会对捕捉到的细节进行思索、解读。但过度共情者，哪怕客户一瞬间的迟疑或者投诉者情绪一直没有丝毫变化，都有可能让他情不自禁浮想联翩，带着"放大镜"去观察客户，生怕再激化矛盾。为了能让客户转怒为喜，甚至牺牲自己利益，只为安抚对方的情绪。

长期处理投诉的工作人员，过度感知客户情绪很多时候并非为了和客户产生共情，更多的是一种自我保护机制。客服人员第一时间察觉对方情绪变化，以便做好应对的准备，避免投诉升级。

任何安抚技巧都只是投诉处理的"加速器"。安抚不解决所有问题，同理心安抚只是投诉处理中的一个环节。客户用情绪表达不满，其实也是他解决问题的一种方式。学会适时从客户和自我情绪中抽离，不要过度共情让自己变成一个老好人。有些投诉案例就是需要在低气压中进行的。

- 同理心不是任何时候都适用。

客户服务中，表达同理心的语句不用时时挂在嘴边，往往是当客户遇到困难事情、紧急事情、难过事情的时候再适时去表达。

用询问代替指责

不是每一个投诉客户反映的问题都在理，不是所有投诉客户都讲理，也不是所有客户都好沟通。客服人员会本能地去辩解、去维护企业与个人的权益和形象。然而很多时候从客户体验视角来看，辩解等于指责。客户也会觉得企业推责，把问题都指向客户。

投诉客户往往都自带不满情绪，但不乏实际处理中由于投诉处理人员表达技巧不当，而激发客户生气的负面情绪。客户情绪管理＝安抚客户＋不激怒客户。很有意思的是，我们处理客户投诉时，有可能会一边安抚客户，一边激怒客户。

一个例子【被业务员忽悠购买了保险】

客户要求办理退保业务，质疑是被业务员忽悠办理的保险。

客户："我要退保，连续两个月我的银行卡都被自动扣费了，后面一查才知道是保险费用。我是被你们业务员忽悠办理的，我要退款。"

客服:"您的心情我能理解,但是当时购买保险您也是签了合同的对吧?"(指明客户当时自己签订购买合同)

客户:"我们哪注意看这么多,让我签字就签了。"

客服:"那当时您怎么不仔细看一下呢?"(强调客户当时自己没看清楚)

客户:"那么长谁看啊,那么多专业术语,我也看不明白啊!"

案例分析:

指责容易引发自我防御。以上案例,当我们指责客户问题时,往往也只是逼客户给一个理由。解决的办法就是用问询代替指责。通过询问引导,让对方多去思考当时做决定的初心和原因,更多关注到问题的解决。需要注意的是,询问是正向引导,而非质问客户。可以用以下话语进行正向引导。

客户:"我要退保,连续两个月我的银行卡都被自动扣费了,后面一查才知道是保险费用。我是被你们业务员忽悠办理的,我要退款。"

客服:"您放心,您反馈到我们这里,我肯定会积极受理您的问题。"

客户:"赶紧给我退保!"

客服:"当时您签订保险合同肯定也是希望给自己多一份保障,您说是吗?您可以再和我说说您的保障需求吗?我给您想想最优解决方案。"

用问询引导客户朝正向维度去思考,不一定能扭转客户观点,但至少能避免或减轻客户因辩解、指责带来的逆反心理。

13 用问询代替指责

安抚不是一味地道歉和忍让，借用安抚技巧，让客服人员和客户彼此跳出投诉处理的"口水战"，让客服人员的服务更有温度，让客户有更佳的服务体验。安抚不止于表达，更取决于客服人员的行动，找准客户需求和痛点并解决问题，才能真正安抚客户。

第五章

投诉处理"言值"力，提升服务体验感知

不同的语言表达策略，会激发对方不同的想法。能够引领对方的脑子去不同的方向思考，这就是"言值"的威力。那些在"实诚""耿直"的掩饰下毫无遮拦的嘴巴，需要赶紧找"门卫"，避免激化投诉，得不偿失。**掌握应诉表达逻辑，用"言值"力提升服务体验。**

第五章 投诉处理"言值"力，提升服务体验感知

一件正向的事情，如果用负面的方式表达，给人的感受是消极和不愉悦的；一件负面的事情，如果用正向的方式表达，便会让人易于理解和接受。不同的语言表达策略会激发对方不同的想法，能够引领对方的脑子去不同的方向思考，这就是"言值"的威力。投诉处理是修炼"言值"力的最佳途径之一。

处理投诉+1
处理投诉+1
处理投诉+1
处理投诉+1
处理投诉+1

"言值"力

投诉处理是修炼"言值"力的最佳途径之一。

去各地授课时，发现有些行业同人会觉得自己不擅长表达，甚至有的人觉得自己难以胜任客服工作，想放弃。回复投诉前明明脑子已经想了很多次如何和客户沟通，但实际应诉中不是卡壳，就是讲得连自己都觉得没有说服力。别让低"言值"影响客户服务体验。

表达不清楚不是嘴拙，而是脑子没有想明白。这个就和做数学题一

样，数学题解不出来，一定不是手笨。我相信大家在回复投诉前肯定有认真思考如何回复，但是客户不按照自己的剧本走，自然容易打乱阵脚。

好的客户服务体验不光取决于你做了什么，还取决于你说了什么。企业往往会设定整套应对投诉的话术，因为标准话术容易掌握。然而，机械的话术千篇一律，投诉的场景却各有不同。执行中往往会显得制式化，且诚意不足。对投诉处理，别拿话术当救命稻草。当然每个人各凭本事自由发挥肯定也不行，同时那些在"实诚""耿直"的掩饰下毫无遮拦的嘴巴，需要赶紧找"门卫"，避免激化投诉，得不偿失。

投诉处理中的客户体验，不是靠客服的跪式服务或趴式服务去实现的，掌握应诉表达逻辑，用"言值"力提升服务体验。

紫格尼克效应法

有一位叫布鲁玛·紫格尼克的心理学家，她给一百二十八个孩子布置了一系列作业，她让孩子们完成一部分作业后停止继续做作业。

一小时后测试结果，一百一十个孩子对未完成的作业记忆犹新。紫格尼克的结论是：人们对已完成的工作较为健忘，因为"完成欲"已经得到满足，而未完成的工作则在脑海里萦绕不已，这就是紫格尼克效应。说明人的内心都是渴望问题顺利解决或事情圆满达成的。

我们首先来看右侧图片。假设我正在画一个圆，但突然临时有事，还留有一小段没画完，如果你现在手中有笔，是否有把这个圆圈补完整的想法呢？

我们再来看下面这个朋友圈截图。这是我带孩子去海洋公园后，发的几张海洋动物图片。你们猜猜朋友圈的评论大多是什么？

大家的关注重点都不在图片内容上，评论一边倒地在问，为什么缺一张图，抑或让我把朋友圈九宫格补充完整。以上都是紫格尼克效应使然，因为人们还是期待自己的事情完满解决或所看到的场景得以完整呈现。

很多投诉客户被自身情绪影响，容易忽略了自己来沟通的初衷，情绪武装了他的大脑，嘴里都是停不下来的抱怨。此时就应该运用紫格尼克效应法，引导客户回到问题的解决中。紫格尼克效应法的核心表达逻辑是唤醒客户处理问题的意识。

> 紫格尼克效应法，
> 唤醒客户处理问题的意识。

【客服电话真难打】

客户打电话到客服热线，由于正是业务高峰时段，电话等了好久才打进人工服务。客户十分生气，一接通就抑制不住地开启了抱怨模式。

客户："你们电话真是难打啊！我打其他客服电话从来没像你们这样费劲，你们这不是耽误事吗？"

客服："感谢您的耐心等待。您是遇到什么问题了？我这里尽快给您处理。"

案例分析：

客服人员安抚在先，不急于解释原因，用紫格尼克效应法唤起客户解决问题的意识，把客户引导到问题的解决上来。

【你说这是谁的错】

客户签约了银行储蓄卡自动代扣信用卡还款业务,客户卡内余额充足,但本月未自动代扣。

客户:"我签约你们自动代扣还款业务,为什么我余额充足却没有扣费?"

客服:"是否扣费是由系统夜间统一判断批扣处理的。"

客户:"你们系统没扣这是谁的问题?我也是担心我的信用记录,没及时扣费的滞纳金算谁的?"

客服:"我会为您记录核实处理,如果确实不是您个人原因导致未及时还款,滞纳金我可以尝试申请为您免除。"

客户:"你可以查啊,我卡内是有钱的啊,你说这是谁的问题?"

客服:"这是系统的统一操作。"

客户:"那你倒是说啊,这是谁的问题?"

客服:"我跟您说过这是系统统一操作的。"

客户:"那你是不是说你们系统的问题?"

客服:"您都这样说了为什么还一直问我呢?"

客户:"你是总行客服,我当然要和你们确认是谁的问题了。"

(客户用长达四十分钟的时间与客服确认到底是哪方出了问题,客服人员无奈地与客户反复强调系统统一判断操作,最后在双方僵持下,客户投诉了客服人员。)

案例分析:

客户心理需求:客户再三确认谁的问题,主要是想规避责任,不希望承担滞纳金,同时也担心影响信用记录。

说出客户情绪：说出客户的顾虑与担忧，是为客户化解情绪的一剂良药。让客户觉得客服人员是懂他的，如可以说："我能理解您的顾虑，主要是希望及时还款，避免影响信用记录并产生不必要的额外滞纳金。"

引导客户解决问题：客服人员可以用紫格尼克效应法与客户真诚沟通，"在没有核实清楚前，我不能草率答复您，今天您致电来也是想解决问题，对您之前滞纳金产生的原因及申请免除事宜，我这里已经为您受理下来了，有处理结果了第一时间回复您。另外您也是担心信用记录，建议您可以先行还款，避免产生不必要的其他滞纳金。"

因为所以法

不知为何，何以任何。客户投诉时往往都带着不满的情绪，客服人员希望获得客户的理解；在处理问题时，客服人员还希望客户能够积极配合。然而让带着情绪的客户配合本身就不易。因为所以法的核心表达逻辑就是给一个让客户说服自己配合客服人员的理由。

> 因为所以法，
> 给一个让客户说服自己配合客服人员的理由。

【无客户投诉信息】

客户之前投诉到客服中心，持续说了两个小时，最后客服人员表示记录反馈处理相关问题。但是次日，客户再次致电其他客服人员投诉处理效率太慢。如果你是第二手再次接到客户投诉的人员，经在系统中查询，未查询到相关记录反馈。你会怎么说服客户配合把之前情况再讲述一遍？之前课堂上做情景演练，曾有不少类似以下沟通场景。

客服："我没有查询到之前记录，麻烦您说下之前的情况。"

客户："什么？我之前讲了两个小时，你们同事没有记录处理吗？我要投诉！"

案例分析：

客户心理分析：当客服人员非常耿直地将原因告诉客户，引来的是客户对前手处理客服同人的投诉。对已经恼怒的客户，直接提要求让其配合客服人员重述两小时投诉内容，无疑火上浇油。所以这时需要站在客户视角，找一个理由让客户自愿配合。

巧用因为所以法：以上案例客服人员可以说，通过沟通我能感受到您希望尽快解决问题，之前不是我接听您电话，为了正确无误处理您的问题，是否能麻烦您再说一下，我核对下之前信息，以便尽快处理。投诉处理中假话绝不说，真话正向说。不为自己找借口，但为客户找说服他自己的理由。

从众心理法

路边有两家卖类似网红糕点的甜品店，一家门庭若市很多人排队，一家没什么人购买，价格都差不多，在不赶时间的情况下，你会购买哪一家？上课调研时，学员都会说更愿意去排队人多的那家。这么多人排队一定是好吃，别人才会花时间等，于是也会排队购买。这就是典型的从众心理表现。

从众心理指个人受到外界人群行为的影响，而在自己的知觉、判断、认识上表现出符合于公众舆论或多数人的行为方式。大家在网购时都喜欢看看网友对商品的评论再下单，也是基于从众心理做购买决定。

面对客户的异议，客服人员可以巧用从众心理说服对方。这种跟随并不是强迫客户，也不是蛊惑对方，而是借助其他客户正向反馈去有效说服。投诉处理中从众心理运用的核心表达逻辑是说说其他客户。王婆卖瓜不一定要自卖自夸，客户更易说服客户。

- 客户质疑商品太贵，可以说说其他客户购买的价格。
- 客户担心风险，可以展示合作过的权威企业，以及他们的评价。
- 客户难以选择购买哪款商品，可以推荐热销款。

从众心理法，说说其他客户，客户更易说服客户。

从众心理法运用注意事项如下。

第一，运用从众心理法为客户提供抉择的建议，而非指责。客服人员学习提升"言值"力的表达技巧不在于与客户沟通时能赢客户，不在于用技巧去撇清责任，不在于让客户意识到问题在他。

用从众心理法给建议，不用从众心理法去指责。

第五章 投诉处理"言值"力，提升服务体验感知

【面条未熟投诉】

我家楼下步行街新开了一家连锁重庆小面面馆，一次带女儿去吃早餐，刚开张也不知道什么好吃，就询问店员店里特色面是什么，店员给我推荐了最热销的口味。孩子吃了一口就跟我说面还是生的，我尝了几根也觉得生了。于是请店员帮忙再煮下，店员连忙解释说重庆小面是口感有嚼劲的面条。我请店员亲自试试后，她请厨师出来。

厨师："我们是全国连锁店，煮面都是按公司统一标准时长煮的。"

我："麻烦帮忙把面再煮一下，小孩子想吃软点的。"

厨师："我们都是按标准时间煮的，没问题的。"（执着地执行公司标准，不考虑不同客户需求）

我："要不您尝下？"

厨师尝完后说："你看外面客户的面也都是这样煮的啊！"（想用从众心理法解释他没有问题）

案例分析：

用从众心理法帮客户高效做选择。当客户不知道如何选择时，店员运用从众心理法，推荐热销产品帮助客户快速抉择。

用从众心理法为自己开脱。厨师强调执行的是公司煮面时间标准，其他顾客都是一样煮的，是想用从众心理法说明这不是他煮面的问题。好的服务是不要急于与客户争辩自己是对的，安抚客户并及时解决问题更重要。

对这样的工作人员，我已不愿多花时间精力继续沟通了，从此不去即可。"言值"力提升从来就不是一件容易的事情，越是深入研究越是发现，并非掌握了技法就能自如应对各种投诉。技法运用的动机、

· 123 ·

时机、场合都会影响沟通效果。

未关注不同顾客群体需求。认真执行服务和工作流程没有错，但这不是忽略不同顾客群体需求的理由，在不影响企业正常运营或不产生较大损失的情况下，应充分考虑客户服务体验，避免客户流失。

站在客户服务者的角度，我能理解以上案例中工作人员的做法。自己是按照公司规定在做，为什么只有客户可以质疑、抱怨、投诉？服务者也是人，也会觉得委屈，觉得不公平。然而**弱者才会关注是否公平，强者只会关注问题解决。**专业的投诉处理人员，需要让自己不被情绪所裹挟，会正确适时地运用各种"言值"技法。

弱者才会关注是否公平，强者只会关注问题解决。

第二，**对追求个性化的客户慎用从众心理法。**随大溜是比较普遍的社会现象和行为，然而也不乏追求个性化、不喜欢人云亦云的客户。从众可能会阻碍他展现自己的与众不同。

损失厌恶偏好法

损失厌恶由卡尼曼和特沃斯基提出，指人们面对同样数量的收益和损失时，认为损失更加令他们难以忍受。反映了人们对损失和获得的敏感程度的不对称，相关研究表明，面对损失的痛苦感要大大超过面对获得的快乐感，同量的损失带来的负效用为同量收益正效用的 2.5 倍。简单来说就是，损失比收益让人更能感知到。

损失比收益让人更能感知到。

我女儿很喜欢玩抓娃娃，我就去商场给她买了一台小型抓娃娃游戏机，刚买回家她视若珍宝，爱不释手。过了不到一周就成了闲置在家里落灰及占地方的摆设。我惊讶于她对这个游戏转瞬即逝的喜爱，也无奈于自己一腔热血无脑式地购买。于是跟她提议，把游戏机送给闺蜜的女儿。她却带着毫无眼泪的哭腔拒绝："你怎么能把我最心爱的礼物送给妹妹呢？"此时失去比拥有让她更能感知到。

同样，在投诉处理时，客服人员说再多公司及产品的优势，不断强调为客户争取的权益，都不能让客户为之所动的话，不妨借助人的损失厌恶偏好，告诉他，如果不采取提供的建议将失去什么。

互惠原则法

互惠原则法是人类的一种古老的行为习惯，我们总倾向于用别人对待自己的方法对待别人。中国是礼仪之邦，投桃报李之举比比皆是。当别人给了我们一点好处，我们就会自觉地产生一种互惠心理，想着怎么去给对方相应的回报。

大家去商场购物，一进专柜，导购就伴随式服务，主动问询购买需求，让你有喜欢的随便试，这种贴心服务是否给你带来了一定压力。特别是如果你试了几件，最后没有购买，你是否觉得很不好意思呢？离店之后不小心又逛到这家店附近时，甚至还会绕道而行。为什么我们会有这样的心态？因为我们本身并未打算购买，但是我们又享受了店员提供的服务，互惠原则法激发的偿还心理让我们觉得不好意思。当然，如果你本身是想购物的，但你一进店门导购都不主动招呼你，你一定会觉得这家店服务非常不好。

互惠原则法的核心表达逻辑是展现你的服务卖力度。用服务的卖力度降低客户的费力度，让客户有收益感。有一次乘坐飞机出差，空乘给有需要的乘客派发毛毯，刚好到我这儿没有了。空乘礼貌地说一会儿去后仓看看再帮我拿。过了一会儿空乘走过来说："女士，毛毯都已派发完，我给您倒了一杯热水，您先喝一口再暖暖手。"虽然没拿到毛毯，但是空乘依然想着我的需求寻找替代方案，特地给我倒了杯热水，这种主动灵活的服务让我难以拒绝。自然我也不会因为毛毯的小事去投诉。

不管多复杂的投诉，展现服务的卖力度，让客户有收益感，进而达成共识。运用互惠原则法，不失己利，赢得他心。

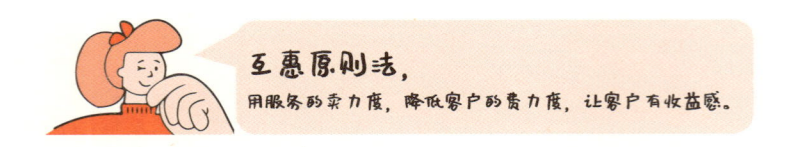

> 互惠原则法，
> 用服务的卖力度，降低客户的费力度，让客户有收益感。

互惠原则法运用注意事项如下。

给对方难以拒绝的服务。投诉处理中，给予客户的好不一定是物质方面的，关键是否能提供让客户难以拒绝的好。它可能是当客户情绪上头时，你耐心倾听的双耳；它可能是客户担心供货不足时，你优先安排他的订单；它可能是当客户未考虑周全时，你主动暖心的一句提醒。

不要有索取者思维。不要只想跟客户索取，你要先给予客户，对方才会跟你愉快合作。"欲取之，先予之。"互惠的结果往往不能即刻展现出来，信赖与融洽关系是需要时间的。

互惠原则法要说更要做出来。只有真正施惠于人，才能激发对方互惠之本能，提升投诉处理时的说服力。

不要给对方过度压力。给对方需要的帮助，不要让你的好成为对方的压力。如果对方拒绝了，可以找其他方式再建立良好客户关系。

替换法

投诉处理中，要尽可能使用正面表达方式与客户沟通，正向积极的表达可以引导客户正向思考，营造良好的沟通氛围。往往投诉客户的问题不是当场能解决的，客户的需求也不是立刻能满足的。善用替换法，正向引导客户。结合工作实践，将替换法总结为三个表达策略。

替换法
巧用"我"代替"你"
巧用A代替B
巧把劣势变优势

- 巧用"我"代替"你"。

不是所有的投诉客户都冷静，此时不要跟客户说"您说的不对""不是您理解的那样"，客户不会因为客服人员这么说就认为自己真的不对，还会引发客户误解，这样的表达让客户听到的是对他的否定。试问有谁喜欢别人否定自己呢？

这时就可以巧用"我"代替"你"，客服人员可以说"有可能是我没有解释清楚，让您产生了误解，我再跟您说下情况"。最终的结果都是客服人员和客户做出进一步解释，但后者的表达方式让客户的感知是客服人员更多从自身角度找问题精进服务。

- 巧用 A 代替 B。

客户想要 B，如无法满足或提供，不妨找替代方案来转移客户注意力。很多时候客户也不是非得怎样不可，更多时候客户是希望获得有收益的感觉。

- 巧把劣势变优势。

观察了很多专业投诉处理人员，发现他们往往具备一个非常好的表达习惯。面对客户的抱怨和不满，能从客户反馈的劣势中找到优势来回应客户。

一个例子 【流量用超未收到短信提醒】

几年前我坐火车出差的途中，接了一个微信语音电话会议，下了火车后就收到短信提醒说已欠费。可是我刚充值不久，火车上的一个语音电话就直接打到欠费了，难免让人生气，于是我就致电客服热线。

我："为什么余额不足了，你们要收钱，我总是能收到短信提醒交钱。然而我流量要用没了，为什么不发个短信提醒我。我开的已是全国最大流量包了，刚充钱不久，火车上打个微信电话就欠费了。"

客服："女士，因为我们系统升级，所以此项业务不发短信提醒。"

我："我没觉得你们在系统升级，应该是系统降级吧！帮我找你们主管来。"

客服主管："女士我已听同事反映了您的诉求，没有给您带来好的服务体验很抱歉。不少用户反馈希望减少短信，因为过多的短信会给生活带来干扰，所以目前此项业务暂时不发短信。"（巧把劣势变优势）

案例分析：

"巧把劣势变优势"这个表达逻辑理解起来很简单，但是实操起来并不容易：一是需要具备这样正向表达的逻辑习惯；二是需要对规章制度设计、产品知识等非常熟悉。存在即合理，规则的设计一定有它的积极原因，知其然还需知其所以然。这样当客户质疑时，客服人员才能轻松应诉。

冷热水效应法

假设你每天早起会喝一杯温水，有天桌上放一杯常温水，你会觉得水凉。但如果一杯冰水和一杯常温水放在桌上让你选，这时你又会觉得常温水较好。这就是冷热水效应法，它的 核心表达逻辑是通过比较营造收益感。

我们在生活中也常被冷热水效应锚定自己的思想。比如去商场购物时，看到一件衣服原价 1000 元，某个活动档期打对折，瞬间会让你觉得很划算。这种对比让我们产生了有收益的感觉。

在投诉处理中也可以运用冷热水效应法，给出适当的选择项，让客户在比较中感受客服人员提供的建议的好处之所在，让客户有多得感、收益感、重视感，同时降低客户做抉择的费力度。

冷热水效应法，
通过比较营造收益感。

"Yes and"法

"Yes and"法是即兴表演的核心，也是戏剧演员的必修课程，即不管前一位演员说什么，都不否定和拒绝，先接受，再协商。久而久之，经过这种即兴喜剧训练的人，就会形成一种思维模式：第一反应不是对抗，而是先接受，再顺势而为。投诉处理和即兴表演类似，没有预先设置好的剧本，客户也各有不同，特别考验即兴表达的能力。

"Yes and"是一套非常成熟的即兴能力的训练方法。它的核心表达逻辑是，用"Yes"认同对方，用"and"表达自己想法。

通过说"Yes"提高应诉沟通的效率。对所有的事都说"Yes"无疑是不现实的，但请尽量多说一些。可以参看我前面写的同理心安抚的内容，即使无法认同客户的观点，也可以认同客户的感受。

通过说"and"表达自己的想法。很多伙伴习惯用"但是"，"但是"是一个非常明显的转折，一说"但是"往往让人觉得后面肯定不是好话，可以把"但是"换成"同时""与此同时""并且"。活用"Yes and"法，认同客户也不委屈自己。

三明治法

处理投诉一定会有底线，这也就要求客服人员敢于对超出底线的要求巧妙说不。

我们想象一下场景，男士追求女士，女士如果想拒绝对方会怎么说？请把你的答案写在下方横线上。

_____

_____

在课堂上调研以上场景时，很多女士都会先给男士发好人卡，然后再回绝对方，最后送上祝福，诸如类似如下三句话术。

第一句：你很善良真诚。

第二句：只是我们俩好像不合适。

第三句：我相信你会找到更适合你的女生！

这就是说不的三明治法。我们都吃过三明治，上下两片面包，中间夹蔬菜、肉、鸡蛋等。三明治法的核心表达逻辑是先给一个好消息，可以是安抚及受理问题，中间一层正向给出拒绝的理由和解释，最后一层再给个好消息，可以是你的建议或解决办法。

【客户大额取现】

银行规定大额取款需要至少提前一天预约。一位年长客户在没有提前预约的情况下直接到银行大额取款五十万元，银行大堂经理手上正忙，按规定直接拒绝了取现要求，客户就在网点与银行大堂经理进行争论。当时网点等待办理业务的人非常多，银行大堂经理如果现场答应，其他客户就会认为只要进行争论即可大额取现，那么企业的规定就形同虚设了。这个客户如果拿到了钱，那该网点的现金就会不够，其他预约客户可能就拿不到钱了。这时不妨运用三明治表达法来拒绝客户。

客户："我要取五十万元。"

大堂经理："您取五十万元是要急用吗？"（转述问题，并问询客户需求，而不是直接拒绝）

客户："是啊，给孩子买房着急用啊！赶紧帮我取下。"

大堂经理："家里买房是好事啊，恭喜您啊！买房交易也不是一两天的事，为了确保客户都能取现，大额取现需要预约的。我现在要是给您取了，现金库存就会不够，也会引发其他客户不满。"（同理安抚并赞美，同时正向解释原因）

客户："我来都来了，你就给我取了呗。"

大堂经理："买房是高兴事，您今天来预约明天也不白跑。现在购房交易都是可以直接刷卡的，或者您也可以直接把卡给孩子，再或者您也可以操作转账转给您的孩子，您看可以吗？"（给出解决办法）

案例分析：

需要注意的是，如果在面对面受理投诉时，当场引发了客户的不满，客户在现场情绪激动，为避免影响其他客户办理业务，同时避免负面效应形成滚雪球势态，投诉处理人员一定要当场做好服务补救，迅速"隔离"情绪激动的客户。可以把客户请到 VIP 室协商沟通，既是表示重视，也是不让客户的情绪在现场发酵。

黑白脸法

投诉处理十分讲究团队协同配合，常会用到黑白脸法。它的沟通策略是一人扮演黑脸（态度强硬），一人扮演白脸（态度温和），通过态度的变化来影响对方沟通意志。

扮演黑脸的人以强硬态度传递投诉处理的风向，以及表达原则与想法，做好客户的期望管理，合理对客户说"不"，让客户知道事情按其所想还是有一定难度的。扮演白脸的人态度温和出来打圆场，对客户说"是"并缓和气氛。软硬兼施达到软化客户立场的目的。

黑白脸法 通过态度的变化来影响对方沟通意志。

黑白脸法运用的注意事项如下。

● 先黑后白。

一般来说，黑白脸法的运用都是由扮演黑脸的一方先出场，在和投诉客户洽谈时表现强硬且不轻易让步，然后扮演白脸的一方再出场缓和气氛，同时表达可适当让步，以此促进与客户达成共识。

心理学家认为黑白脸法的有效性来源于"恐惧后安心"的反应，由于从一种情绪转移到另一种完全不同情绪易令人无所适从，进而会短暂失去批判性思维能力。先让表现强势的扮演黑脸的一方与投诉客户沟通，使投诉客户因为对方的压迫性而感到心理紧张，接下来，让表现温和的扮演白脸的一方出场，投诉客户的情绪会放松，更容易对扮演白脸的一方产生好感。在这种情况下，人会被这种对比锚定自己的内心，从而更容易答应对方的要求。

● 下黑上白。

投诉处理时，如果领导直接扮演黑脸，那就直接等同于一口气把所有"子弹"都用光了，直接把底牌都亮出去了，如果对方直接拒绝，这个投诉案子就很难顺利解决。结果往往要么谈崩，要么最后做出更大的让步。所以运用黑白脸法时，让下属先出场扮演黑脸，为后续投诉处理谈判留出余地。

- 黑脸一方不必一定在现场。

如果客服人员一个人在处理投诉时，可以虚设一个黑脸，一人分饰两角。通过转述黑脸一方的说辞去拒绝和坚持己方原则。同时，黑脸不一定是某个具体的工作人员，它也可能是企业的规章制度、流程。

告知客户自己的权力有限，只是投诉处理代表时，反倒能增加谈判的灵活性。所有拒绝的话都可归因到规章制度这个黑脸，而你时刻和客户保持和谐关系，让客户感受到你和他是一边的，在权力有限的情况下全力以赴帮其解决问题，往往客户最后会做出让步。

- 客户唱黑白脸时别轻信白脸。

如果客户唱了一曲黑白脸，在投诉处理时，不要轻易动摇。不要忘记白脸站出来缓和局面，往往是以和事佬的角色来规劝你做出有利于客户的让步的，此时我们不能失了初心，要理智地达成共识。

搁置法

客户与客服人员的意志都很坚定，彼此都不愿意让步，投诉处理便陷入僵局，投诉处理人员难免会陷入焦虑的情绪。硬着头皮继续处理无非也是反复使用同样的话术试图让客户改变。但这样与客户沟通，要么激化矛盾，要么让场面越来越僵。换来的往往是客户对投诉处理人员的抱怨。

搁置也是投诉处理进展之一。当彼此互不让步一时无法化解的时候，与其着急推动进度，不如试着搁置矛盾，争取时间给企业内部商讨解决方案，同时也给客户冷静酌情考虑的时间。

搁置也是投诉处理进展之一。

搁置法可运用的缓解说辞如下。

- 资料有限。

客户投诉的问题有时是第一手投诉处理人员难以直接回答的，或者在没核实前难以直接做出详细解释的。若客户在投诉时一直催问"这是谁的错？""这个问题今天必须解释清楚。"不妨以"资料有限""有待核实"等作为缓解办法，将对方的问题暂缓，给自己和企业留出寻找解决办法的时间。

投诉处理人员需要注意运用这一说辞的频次，使用太多容易让客户觉得前期准备工作做得不充分，或者留下不专业的印象。

- 权力有限。

有些投诉客户易提出难以满足的需求，这时投诉处理人员可以善用权力有限作为缓解办法，通过合理示弱，让客户与你共情、同理。建议在关键时刻运用权力有限的说辞，使用过多会让客户不信任你，觉得你权限不够，不想让你处理问题。同时，在表达权力有限时，要展现积极主动受理的意愿，让客户感知到你有尽力想帮他争取最大权益。

- 时间紧张。

投诉处理进入僵持状态时，可以借由时间紧张的说辞让彼此暂时抽离出来，如用"今天时间不早了""一会还有个紧急会议"等话语缓和投诉处理的紧张氛围，给彼此一段冷静思考的时间。

需要注意的是，如果还想和投诉客户继续合作，运用搁置法后要与客户约定回复时间，并展现积极处理的意愿和态度。需要把控搁置的时间，太长时间不回应，客户可能会觉得不被重视。很多客户升级投诉都是因为企业承诺了却未回复或承诺未兑现。

● 第三选择。

僵局的出现往往是各执己见。投诉处理追求的是双赢，而非独胜。没有必要在僵持点一直各执己见，不妨暂且搁置固有观念，探讨更合适的其他方案，比如可以说"我们一起来讨论一下彼此都能接受的新方案。"哪怕探讨不出更好的解决办法，也可以借用新方案与之前想法形成对比，帮助双方更好地做出决策。

示弱法

示弱不等于软弱。示弱不代表在投诉处理时不能独当一面。语言上示弱，或行动上求助或让步，这些并不代表投诉处理人员的投诉处理技能不行。做出示弱姿态的投诉处理人员，其实才是专业的体现，示弱更易激发客户的同理心。示弱是一种能力，能让你多一种方法处理投诉。

示弱是一种能力，
能让你多一种方法处理投诉。

注意，不要还未开始示弱，就预想各种莫须有的拒绝。遭到一个投诉客户的拒绝本身也合乎情理，示弱法行不通就换个方式和客户再达成共识。别让自己在践行示弱法时有太多精神内耗。

同时应做到适度示弱，过度示弱难免给人虚伪或真正弱小的感觉。示弱往往以强大的实力做后盾，才更加显得豁达和从容。

以退为进法

投诉处理中双方若一直僵持，在不想放弃客户或损失更多的情况下，就需要客服人员适当让步，以退为进。让步不代表无原则地妥协，需要考量如何"让"能让利益最大化，如何"让"能让损失最小。

- 强调自己在让步。

拿其他客户情况做对比，让客户有多得感；拿历史数据做比较，让客户有收益感；告知权限不够，让客户知晓让步不易；正面表达为难情绪，让客户知晓你有帮他争取最大权益。

- 做有价值的让步。

要做有价值的让步，不做轻而易举的妥协。让步需要推进投诉处理的进度，盲目让步无法解决投诉。让步前要思考企业与客户最需要的是什么，让步时是与客户达成共识的最佳时机。

- 争取让步最大利益。

分析投诉客户真实需求，设定己方可接受的底线。当投诉处理陷入僵局时，在让步的底线上使双方的利益最大化。特别是当客户还希望与企业继续合作的情况下，可先了解清楚客户底线，管理客户期望，再适时提出双方满意的让步条件，在让步中共同获益。

第五章 投诉处理"言值"力，提升服务体验感知

> 提出双方满意的让步条件，在让步中共同获益。

【投诉空调质量问题】

一次公开课时，某知名空调品牌客服同人分享了一个客户投诉案例。顾客购买卧室使用的一匹挂式空调，使用一周后觉得空调制冷效果不好，于是打客服热线投诉。

该企业安排维修师傅上门检查。检查结果是空调质量没问题，是空调匹数与房间大小不匹配。企业建议顾客更换匹数更大的空调。客户不接受，声称以前卧室装一匹空调一直挺好，坚持认为他购买的空调质量有问题，要求换另一款的空调。该企业同意给客户更换一台新空调，但需要客户补差价。

客户认为是购买空调款型质量有问题才导致要换款式的，且来回安装维修他还需要专门安排人在家等候，花时费力，所以不愿意补差价。客户与企业协商无果便致电"315"热线投诉。后来企业送设备去国家相关部门检查，认证商品质量无问题，企业最终还是为客户更换了新款空调。

案例分析：

提出让步条件也应尽量避免自己利益损失。经过品牌维修师傅上门查看，主要原因在于购买的空调匹数与房间大小不匹配，并非产品质量问题，所以企业同意为客户换新设备时提出请客户补差价。

客户投诉"315"后，各位同人是否有类似顾虑，明明不是产品问题，企业最终还是让利损失了换机的差价，做这样的让步是否会让别的客户也如此行事？

投诉处理中的让步价值往往不是为了获得更多，而是及时止损。 在此类升级投诉事件中，企业首先要考量避免产生更大的利益损失。在此案例中，虽然企业损失了置换空调的差价，但也防止因"315"投诉产生更大的社会负面效应。

让步是着眼于长远未来的意义。 企业在让步中让客户有了更好的客户体验，更重要的是体现了企业社会责任与担当。当然是否让步、如何让步、让步多少最终还是取决于企业服务价值导向。最终，客户十分满意企业的投诉处理并撤销了投诉。

登门槛效应法

登门槛效应是指人一旦接受了他人的一个微不足道的要求，为了避免认知上的不协调，或想给他人以前后一致的印象，就有可能接受更大的要求。

加拿大的心理学家曾经号召多伦多居民为癌症学会捐款，结果发现，假如向人们直接提出这个要求，只有百分之四十六的人愿意捐款，但是如果分两天进行，第一天发给人们这次活动的纪念章并请求人们佩戴，第二天再提出捐款的请求，结果同意捐款的人数翻了一番。心理学家认为，一下子向别人提出一个较大的要求，人们一般很难接受，如果逐步提出要求，不断缩小差距，人们就比较容易接受。

登门槛效应法核心表达逻辑是"从提出最小请求开始"。 在投诉处理中，如果想说服客户或者让客户积极配合可以运用此方法。需要注意的是，这个小请求不要给客户造成损失和太大麻烦，以免太麻烦让客户直接拒绝。

人们往往会有一种"反正都已经帮了，再帮一次又何妨"的心理。引导对方承诺，答应你这次的小请求后，下次也相对更易配合你的其他要求。

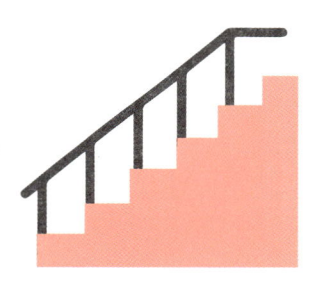

权威第三方法

绝大部分投诉都可以通过企业和客户之间协商沟通解决。还有一部分投诉企业内部解决不了，尤其对一些涉媒、引起社会效应等敏感投诉事件或双方处于矛盾和胶着状态的投诉事件需要权威第三方介入。

【食品安全危机】

某食品企业境外版产品特殊事件经由抖音及自媒体平台传播，让使用大陆版本的客户担心产品质量问题。大量顾客联系该企业投诉与退货，合作经销商也十分顾虑手中积压货物滞销，该企业订单量大幅下降。投诉处理人员用公司话术解释，且后期公司出面澄清，但客户一直不相信，觉得大陆版本产品也是有问题的。

案例分析：

个别地区商品出现问题，连带产生蝴蝶效应，引起了客户对企业产品的信任危机。互联网时代，客户投诉渠道多元化，事件在自媒体发酵速度迅猛，单依靠客服话术和企业自身出面澄清收效甚微，难免有王婆卖瓜自卖自夸之嫌。

客户是企业经营立身之本，面对客户信任危机，可通过相关监管部门品控检测报告有力回复群众。通过第三方权威平台回应顾客与供应商疑虑，同时对问题地区产品的积极妥善处置也需公开化、透明化，彰显企业社会责任。对仍存在顾虑的投诉客户，企业不仅需要有内部应急回复话术，还需要有合理的处理机制，让客户售后无忧。

【警惕虚假交易软件】

投资者通过自行下载的某证券公司软件参与股票交易，后发现资金无法取出。投资者联系该证券公司反映，但被客服人员告知查询不到账户。投资者认为该证券公司无法为投资者取出资金不合理，故致电12386热线投诉。

证券公司接到投诉后，随即对相关情况进行调查。经核实，投资者非该证券公司客户，其使用的软件为不法分子以该公司名义假冒的，其通过建立微信群、QQ 群等方式诱骗投资者下载虚假交易软件。证券公司将上述核查情况告知投资者，建议其通过法律途径维护自己的权益，并提醒其提高警惕，谨防上当受骗。同时，公司立刻与反诈中心联系，及时阻隔相关诈骗 App、网站的链接，并通过公司官网、微信公众号、微博、客户交易终端、短信等方式及时发布相关澄清声明和风险警示，提醒投资者注意防范。

案例分析：

投资者需增强防范意识，具体情况如下。

一是投资者需选择合法机构，远离非法主体。

二是可告知客户面对来路不明的推荐应保持警惕，可通过权威机构官方网站查询合法证券期货经营机构及其从业人员信息，以免误入陷阱，上当受骗。

三是如遇资金转账等要求，应审慎核查对方身份，特别是转账至个人名义开立的账户，必须慎之又慎。

四是借助第三方权威力量，一旦发现资金损失，投诉处理人员需提醒客户做好相关信息留痕，第一时间报警，以便公安机关发现线索，及时破案。

证券公司应注意日常投资者教育工作，具体情况如下。

一是向投资者宣传防范非法证券期货交易活动等知识，及时发布风险提示公告，提醒投资者提高警惕，明辨真伪，远离非法证券活动，谨防上当受骗。

二是积极引导受害投资者通过合法渠道维权。

最后通牒法

在投诉处理中，如果在比较关键的地方坚决不能退让，或者想要降低对方过高的期望值，或者希望尽快结束投诉，可以使用最后通牒法。使用最后通牒法能够加速投诉客户做出决定，并且试探出对方的诚意和想法等。同时，客户投诉的真正目的是希望解决问题，客户不会想问题一直僵持得不到解决。最后通牒法的核心表达逻辑是说明底线，传递不妥协的态度。

最后通牒法使用的注意事项

● 不妥协的态度并非使用犀利的语言。

最后通牒无须咄咄逼人，语言太过犀利只会让投诉处理在失败中终结。坚定的表达口吻，不变的投诉处理原则，无须与客户恶语相向。

● 下最后通牒的时机要恰当。

投诉处理中不是任何时间都适合给客户下最后通牒。当自己处于优势方，对方也有合作意愿，那最后通牒往往奏效；当客户已经投入了一定时间和精力了，再下最后通牒，对方顾及已投入成本，此时下最后通牒往往是最佳时机；当彼此消耗太多人力和物力时，从及时止损的角度，此时也不妨下个最后通牒。

● 下最后通牒要有理有据。

下最后通牒时得有理有据地拿事实说话，这样更有说服力。比如说："站在您的角度，您提出这个价格要求不过分，我也都能理解。您看看这是我们历史销售数据，明码实价都放在这了，销售制度也不允许我这样做。"用这样的证据加持，会让你下的最后通牒更有效。

- 下最后通牒时给对方留有答复时间。

不是所有的最后通牒客户都能立刻给出答复。给客户留有思考时间，也可以减轻对方的抗拒心。

最后通牒法常用表达句式

- 如果不……，就……
- 我们能为您争取到的最大权益是……
- 我们能做出的最大让步是……
- 我们最迟……将……
- 经过再三申请，您可以选择……或者可以选择……

如果客户给你下了最后通牒，你将怎么办

假设你现在是一个老板，客户在你这儿购物砍价，给你最后通牒："老板，×× 价格能不能卖，如实在不能卖那我就不买了！"若客户的报价你是赚钱的，说明你和客户继续谈判是有意义的，那么接下来你会怎么回复客户？请将你的答案写在下方横线上。

_____

_____

_____

在课堂上做这个调研时，大家回答的答案类似如下：

- 买到一定数量，按客户说的价格售卖。
- 价格不降，给客户提供其他附加值。例如，送折扣券、赠小赠品、延长服务保障期等。

见诉拆诉——一本有料又有趣的投诉处理书

- 给客户看历史销售金额数据，告知客户不能再减价。如果客户还不接受就适当再便宜点，但也会高于客户报价。

大家都非常机智，不会因为自己有盈利的空间，就轻易答应客户的报价。因为客户轻易砍价成功，这么容易就获得的让价他不会觉得自己占了多大便宜，他思考更多的是会不会砍价砍少了。

客户给我们最后通牒时，我们不要轻易被这种表达方式带来的沟通氛围影响，直接是与否地回复客户，或者轻易在客户提供的选项中做选择。**反最后通牒的核心表达逻辑是从单一焦点往多焦点沟通。**

在上述案例中，客户把焦点落在价格上，不卖就走人。站在老板视角，卖觉得赚少了，不卖又怕客户流失。这时不妨从价格焦点转移到数量、附加值等其他维度和客户去谈。让对方不失有赚了的感觉，我们挽留客户同时也收益更多。

当客户给我们下最后通牒时怎么办？从单一焦点往多焦点沟通。

最后通牒无效，客户不认可最终结论怎么办

在实际投诉处理中，大家会苦恼于自己下的最后通牒无效，客户

会不认可最终结果。

不下"伪最后通牒"。在下最后通牒时，投诉处理人员是否已经和公司达成共识，下的最后通牒是否能为客户争取到最大权益或最终答复？如果投诉处理人员认为还有妥协的空间，当客户不满意时，投诉处理人员语言就容易失去坚定的口吻，行动上开始妥协。当投诉处理人员明确最后通牒是投诉处理结果的底线时，纵使客户不接受，投诉处理人员要考虑的是如何用自己的专业沟通技巧、投诉处理策略与客户达成共识。重视客户服务体验，不是不做客户期望管理的理由。

把控最后通牒时机。如果优势在对方，或者对方一点也不着急尽快处理问题，此时下最后通牒就收效甚微了。

强调损失。如果投诉处理人员下的不是"伪最后通牒"且时机合适，那么要让客户知道，不采取投诉处理人员的建议将失去什么、损失什么、不利影响是什么。毕竟，损失比收益让人更能感知。

【多次不满企业最终答复】

求偿型保险客户多次致电保险公司投诉，对企业的几次最终答复都不接受。客户大半夜总打电话到客服热线持续投诉，并且长时间不愿挂断电话，还强调如果挂断电话就投诉到监管部门。

案例分析：

显然客户并未认可企业给出的最终结果。从投诉处理上来说，给客户下最后通牒时要让客户感知到你的回复是最后通牒。不要在语言或行动上让客户感觉还有谈判的空间。例如，当告知客户争取的最大权益时，在客户不接受后又立刻承诺帮客户再去申请，不做任何期望管理，显然这样的最后通牒力度是不够的。另外，下最后通牒的时机非常重要，不要轻易妥协给予，要让客户知道你争取权益的不易。得来容易会让客户认为自己争取得还不够。

客户经常晚上投诉，从投诉管理上来说，企业应给予客服人员明确的处理态度、统一处理意见与标准的应对话术。企业可以让渡给客户的价值—线投诉处理人员无法直接决定，所以有待管理决策人员给予处理意见。

当然如果案件非常复杂，企业做出多种决策需要一些时间的话，在最终解决策略出来之前，客服人员还是要担负起解决投诉的压力，给客户提供情绪价值，做好客户期望管理，为事件后续处理争取更多时间。面对客户的反通牒，可以从客户的单一焦点往多焦点谈判，如从耽误的时间、不采取最终策略的损失、附加值服务等维度和客户沟通。

"一言而兴邦，一言而丧邦"，可见话语的力量。投诉处理工作往往亦是如此。客户来电投诉，优秀的服务"言值"可以让投诉变咨询；客户来电咨询，拙劣的服务"言值"可以让咨询秒变投诉。

"认可"的反面未必是"不认可"，很可能只是"不了解"。投诉处理中客户的不认可、不理解、不接受，需要通过投诉处理人员的沟通化干戈为玉帛。以上这些"言值"力提升方法，如何在投诉处理中更好发挥积极作用呢？还希望和各位读者达成以下共识。

- 基于双赢原则沟通。

双赢是投诉处理的最终目的，而技巧、知识只是推动投诉处理人员与客户双赢的工具。投诉处理人员无须炫技，无须在投诉中无时无刻使用沟通技巧。在无关紧要的地方使用一些小聪明，会让客户觉得投诉处理人员不够真诚，让投诉处理变得越来越难。

第五章 投诉处理"言值"力，提升服务体验感知

● 沟通技巧灵活变通。

不同的客户会有不同的沟通场景。这也要求投诉处理人员针对不同场景灵活运用沟通技巧。不要一条道走到黑，不要一种沟通策略说到底，投诉处理人员要能随事态变化随时变化，将这些技巧融入沟通场景，用真诚的心为客户解决问题。投诉处理人员只有灵活组合、变通运用这些"言值"技巧，才能进一步提升客户服务的能力。

● 刻意练习提升"言值"力。

书本知识只是学习的开始，实践才是真正开始的学习。在运用过程中也许还会出现"言值"技巧使用不当之处，抑或惯性的力量让投诉处理人员无法顺畅地运用技巧，甚至有同人运用技巧时话都说不利索。请悦纳这些现象都是在练习过程中或多或少会遇到的问题。毕竟把知识点转化为自身"言值"技能并非一日之功。人在走上坡路时，从来都是辛苦的。愿我们不断精进，一同提升服务"言值"力。

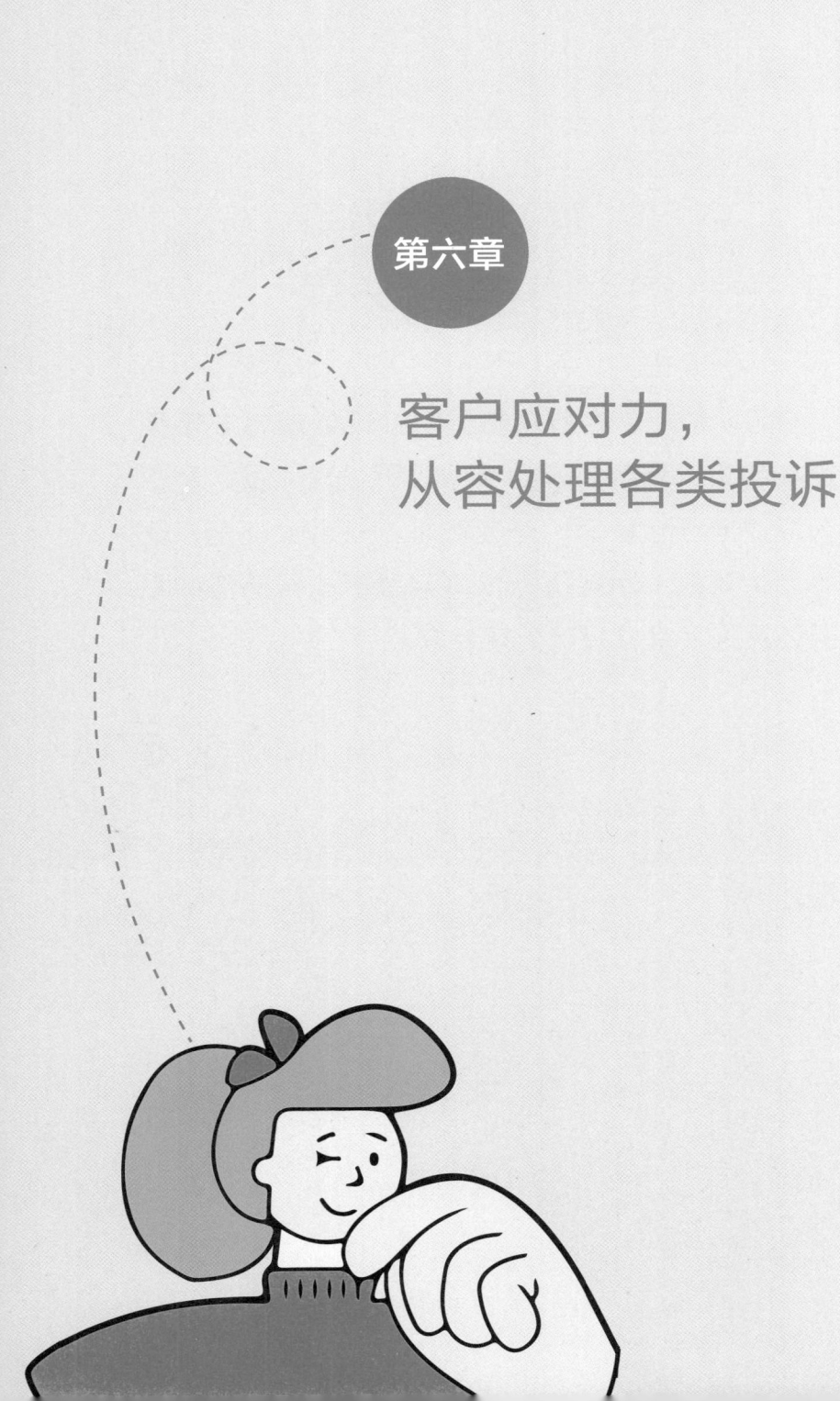

第六章

客户应对力，
从容处理各类投诉

擅马术者专挑烈马骑，擅投诉处理者亦不惧复杂的投诉情况。作为专业投诉处理人员，不管客户提出什么要求，都要敬他、听他、懂他、让他、善待他。不经历无以成经验，未经历练的投诉处理人员难成投诉处理专家。

第六章 客户应对力，从容处理各类投诉

擅马术者专挑烈马骑，擅投诉处理者亦不惧复杂的投诉情况。作为专业投诉处理人员，不管客户提出什么要求，都要敬他、听他、懂他、让他、善待他。不经历无以成经验，未经历练的投诉处理人员难成投诉处理专家。

不管客户提出什么要求都要敬他、听他、懂他、让他、善待他。

这个章节要给大家介绍几位有趣的客户，愿我们面对他们都能从容不迫、淡定自若。我们一起来认识一下他们。

情绪型客户——蛮蛮

客户画像

- 嘴巴往往快过脑子。
- 率真直接、有啥说啥、乐于表达与诉说。

- 语言犀利，甚至会说攻击性的语言。
- 说话大嗓门、音量高。
- 性子急、暴躁易怒。
- 自身容易受情绪控制，情绪波动大，捉摸不定。

客户需求分析

- 情绪宣泄，需要满足其情感需求。
- 期望通过情绪传递说服对方，希望对方听他说。
- 期望获得认同、重视、尊重。
- 用暴躁的情绪武装自己，掩盖自己的无力感。
- 期望问题得到解决或需求得到满足。

应对策略

客户之所以生气、有情绪，往往是因为对企业抱有期待。情绪安抚本身就是投诉处理当中的一环。客户有情绪往往是还有问题待解决，还希望继续使用产品，或是还想继续与企业合作。如果没有情绪，也许是客户冷静，也有可能是已经毫不在意了，可能企业也将流失这个客户。

- 格式化对情绪型客户的认知。

处理此类客户投诉，投诉处理人员首先要从意识上理解他们，因为在他们的认知里情绪是解决问题的最佳选择。因此，投诉处理人员不要把客户的情绪当成是对方的抵触、拒绝、不愿意沟通的象征。当客户愿意和投诉处理人员显露情绪时，其实客户已经在打开心扉了。只要客户对企业还有需求，一切矛盾都是可以协商与化解的。客户用情绪展示他的敏感点，是提醒投诉处理人员关注他的投诉需求。

- 化解客户情绪"五要"。

第一，要及时受理。"您请跟我来""我马上受理"等语句，表达重视与服务责任意识。

第二，要舒缓客户情绪。客户身体舒缓，如"您坐下来喝口水，慢慢讲"；客户心理安抚，认同客户感受，与客户沟通同频，并对客户的糟糕体验表示真诚歉意。

第三，要请客户帮忙。请客户宽容点时间；请客户给予宝贵意见；请客户从提议中做出决策；让客户参与决策，给予客户参与感。

第四，要引导客户解决问题。引导客户将焦点对准到问题的解决上，给出解决办法，并与客户达成一致。

第五，要感谢客户宝贵意见。将客户的意见与情绪合理化，让客户感受到企业对客户意见与抱怨的开放性，当下也许客户的意见是"不合理"的，但不代表在未来也是"不合理"的。让客户感受到企业十分重视他的意见与反馈。

化解客户情绪"五要"

第一，要及时受理。
第二，要舒缓客户情绪。
第三，要请客户帮忙。
第四，要引导客户解决问题。
第五，要感谢客户宝贵意见。

- 化解客户情绪"六不要"。

第一，不要畏惧。这类客户喜欢借助情绪来增强声势，借此增强他们的主动权。如果投诉处理人员显得迟疑，可能会增强客户的气势。

保持冷静，不为所动，同时表示尊重理解，引导客户将情绪平复下来。

第二，不要与客户争辩。"不是您说的那样""绝对不可能""您理解得不对"，这都是在否定客户，只能激化客户的不满，甚至会导致客户升级投诉。做好服务的第一步就是不要急于争辩自己是对的。

第三，不要急于解释开脱。"这是规定，我也没有办法""这个业务是由××部门处理的，我不负责这个业务"，客户会把它理解为推诿，不想处理他的问题，不重视他的投诉反馈，认为投诉处理人员没有积极处理，从而导致冲突升级。

第四，不要滔滔不绝。情绪型客户往往在他把事情说完，情绪基本也宣泄得差不多了。表达本身是情绪宣泄的一种方式，客户想表达，投诉处理人员就耐心倾听，客户气不消，说再多也听不进去。

第五，不要戳穿客户。就算客户意识到自己的问题，但当众承认错误是很困难的，投诉处理人员没有必要戳穿客户。专注于解决问题，而不是论证谁对谁错。

第六，不要忽视客户情绪处理。投诉处理人员的职责是服务好客户，帮客户解决问题。但处理情绪型客户，必须先处理客户的情绪，再处理问题。

化解客户情绪"六不要"

第一，不要畏惧。
第二，不要与客户争辩。
第三，不要急于解释开脱。
第四，不要滔滔不绝。
第五，不要戳穿客户。
第六，不要忽视客户情绪处理。

- 必要时以静制动。

在过去的工作实践中，让我发现不少投诉处理人员在处理投诉时会存在担心冷场的现象。似乎面对投诉客户，投诉处理人员的不语就是甘拜下风，只有妙语连珠才能显示自己的专业度。甚至当自己情绪不稳、一时语塞的时候，投诉处理人员仍会没话找话，或重复提问，又或说几句安抚性的话进行机械性地回复。

美国艺术家安迪·沃霍尔曾经跟他的朋友说，自从学会沉默后，获得了更多的威望和影响力。作为一名讲师，我也深刻领悟了沉默的力量。在大型演讲或者人数较多的课堂上，开始上课前可能一片嘈杂。职场中的学员都是成年人，此情此景直接请大家安静或急切地组织现场纪律，效果往往不佳，会给听众被提要求的感觉。此时讲师如果镇定地站在台前，静静地望着学员，用眼神表达对大家的关注，往往奇迹就会出现，现场会很快安静下来。

面对情绪型客户，投诉处理人员要学会**以适当沉默迎接狂风暴"语"**。双方谈判中，一方安静下来保持沉默聆听，此时的沉默不是被对方占了上风。投诉处理人员要学会以静制动，让对方冷静下来，同时也让自己有理性思考的时间。**沉默也是一种有力的回应。**

以适当沉默迎接狂风暴"语"。

● 把握处理时机。

这类客户情绪波动很大，捉摸不定。处理这类投诉需把握时机，当客户心情好转或愉悦时，应抓紧时机与客户沟通，高效解决问题；当客户心情不佳、沟通不畅时，做好客户安抚，可以先记录好客户问题后，暂时搁置，待客户情绪舒缓些再处理及回复。

一个例子 【心脏病刚出院的顾客气到大发雷霆】

蛮蛮去购物中心购买储值卡，当时会员接待中心顾客较多，她直接走到业务办理工作台问询储值卡购买事宜。当时工作人员已经接待其他顾客正在进行业务办理，未能及时回应蛮蛮，且后来回应时未抬头正脸面向顾客。她认为工作人员服务懈怠、不积极，自己未受到尊重，对此极为不满，现场情绪十分激动，言辞犀利地大声抱怨工作人员。

工作人员停下手中工作，道歉并解释确实手中在忙于其他工作，请蛮蛮在休息区稍作休息，然后继续为正在办理业务的顾客处理事宜。蛮蛮每年都会来该购物中心购买大额储值卡，觉得该工作人员未认真对待她的诉求，坚持要求会员中心主管出面解决。

蛮蛮本来觉得购物是开心的事情，但会员中心的服务让她很糟心。蛮蛮一再强调自己刚做过心脏病手术出院不久，认为该购物中心让她受气影响到她的身体，且耽误她的时间，希望予以补偿。同时，蛮蛮对会员中心主管的投诉处理结果十分不满。她认为该主管只是一味替员工说话，且认为该主管眼神看起来很凶，服务态度也不好，要求继续升级投诉。

购物中心当天值班主管来受理了投诉，蛮蛮没给值班主管开口的机会，上来就说道："耽误我一个多小时时间怎么算？""我心脏病刚出院不久，要是把我再气病发怎么算？""我也是公职人员，也知道投诉处理流程和应有的态度，你们就是这样服务老顾客的？"……

值班主管一直倾听蛮蛮诉说，直到蛮蛮说完后，值班主管才沉着冷静地说："您来购物没有享受到好的服务体验，您的抱怨和想法我们都能理解。我来处理您的投诉就是来解决问题的，您跟我移步休息区，您喝杯茶，咱们一边休息一边沟通。"

值班主管继续和蛮蛮沟通："您要是身体觉得很不舒服，我们安排同事送您去医院就诊，该承担的责任，我们责无旁贷。您也是公职人员，也清楚企业投诉处理有相应流程，涉及补偿也有相关流程。此时快到中午了，给您准备了糕点茶歇，您先垫下肚子。对服务有做得不周的地方，我请之前两位同事来跟您当面道歉，您也是老顾客了，相信主要也是希望我们服务不断精进。"最后蛮蛮表示谅解，并购买了购物卡。

案例分析：

- 客户需求分析。

客户属于情绪型顾客，主要是想宣泄心中不悦，希望获得重视与尊重。客户大病初愈，内心希望自己被关照、被重视、被关怀，另外也希望获得补偿。

- 客户情绪隔离。

客户情绪激动在会员中心现场就雷霆大发，不管客户是否有理，势必会给现场带来负面影响。此时需将情绪激动的客户快速转移，隔离负面情绪，让投诉人与其他客户看到企业有第一时间将问题受理下来。这一点在案例中的值班主管就做得很好。

- 客户情绪安抚。

不要在别人设置的擂台上和别人斗。斗赢了对方不开心，斗输了自己不开心。不为客户的指责道歉，但为没能让客户有好的服务体验而道歉。

在客户情绪处理"六不要"中就有提到，对情绪型客户不要急于解释开脱。会员中心主管急于为员工解释，让顾客觉得会员中心主管不是来为她解决问题，而是帮自己员工的。耐心听对方抱怨完，就是安抚非常重要的一环；将对方的情绪合理化，让对方感觉到自己被理解；关心顾客身体状况，值班主管主动提出可带顾客去医院就诊查看，彰显企业责任与主动服务意识，不避重就轻。降低重心舒缓情绪，坐下来沟通，让身体放松。

> 不要在别人设置的擂台上和别人斗。

- 自我情绪管理。

遇到客户语言或潜在肢体攻击时，心里要敲响警钟。要明确地知道，对方现在在攻击，可能会产生抵抗的情绪或行为。当这个警钟敲响时，先要祝贺自己，因为识别了准确的信号，接下来才能做出正确的反应，不带情绪地给客户一个理智的反馈。别人有情绪，你没有，你就赢了。

在投诉处理中，有时投诉处理人员说的话，除了事实部分，还有情绪部分。投诉处理人员可以把体现自我情绪部分的话省掉，只说事实，能少说很多让自己后悔的话。省略的好处有两点：一是让自己的感觉好，因为直奔事实，直奔目的；二是让对方感觉好，对方会觉得你非常专业。

- 客户补偿需求。

多夸奖客户。值班主管借助顾客职业夸奖客户。作为公职人员知晓补偿有相关流程，主要是为了获得更精准的服务。给客户收益感。为客户准备糕点茶歇，给不了补偿就尽可能给客户创造有收益的感觉。给客户尊重感。值班主管请相关同事道歉，并请客户移步到贵宾厅沟通，以示尊重。客户期望管理。不是客户一提补偿需求即刻满足就是好的服务，前面同人在处理时未对补偿松口，也让客户知道索要补偿不容易，后面值班主管准备的糕点茶歇才得以更好发挥效力。

- 服务礼仪细节。

美国的心理学家和传播学家艾伯特·梅拉比安提出人际沟通"55387"定律，即决定一个人的印象的55%体现在外表、穿着、仪容、沟通的态度、肢体语言，38%是讲话时的语音、语气、语调等，7%是说话的内容。因此服务时投诉处理人员的言行举止、眼神等都彰显着对客户的重视与否。服务礼仪做到了，客户是否满意无法确定；如果没做到，客户肯定会不满意。

挑剔型客户——茌茌

客户画像

- 关注细节，善于发现问题。
- 客户强势。
- 确认谁的错、谁的责任且如何处理的意愿强烈。
- 担心吃亏。

- 客户的钝感力强，不在意他人评价。

客户需求分析

- 完美主义，压低价格。
- 希望服务有多得感、收益感，以及获得求偿或服务附加值等。
- 关注细节，怕吃亏上当或错买误选。

应对策略

- 厘清客户投诉真实目的。

面对挑剔型客户投诉，不是满足客户所有需求就是好的服务，需要投诉处理人员洞察客户真实目的，给予客户有收益的感觉。

请设想这样一个场景，假如你是一名图书电商的客服人员，这时候用户投诉说："我收到的图书有破损，我要退货。"这时候，你会怎么做？

A：直接退货。

B：确认破损原因，再确定谁来承担责任。

我想大部分人会直接选择A，客户不会有异议，自己也相对省事。在投诉处理中，不要把自己的处理思路禁锢在非此即彼中，也可探索第三选择。某知名电商平台客服的真实回复如下："这本书是您自己用，还是送朋友？如果是您自己用，在不影响阅读的情况下，我们可以送您10元的红包券，下次购书时可以享受优惠。如果是送朋友，您退货后我们再免费邮寄给您一本新的。"最终，用户接受了10元的红包券补偿。人的真实需求有时是隐藏起来的。用户的真实需求不是退货，只是想获得平台的安抚和重视。客服给予了客户收益的感觉，同

· 162 ·

时也提高了客户二次回购的概率。

- 不与客户争辩。

不管客户提出什么要求，都不要强硬反驳客户，与客户发生争辩。如果辩赢了，客户肯定会不高兴，满是怒气的客户不可能让投诉顺利地解决。如果辩输了，只会增长客户投诉的气势，自己也会有挫败感。

- 学会合理说"不"。

在投诉处理中，客户有权提要求，投诉处理人员也有权说不。如果不能心甘情愿地说好，那就温和而坚定地说不。

如果不能心甘情愿地说好，
那就温和而坚定地说不。

在服务中无条件地让步，对方是否心存感激无法确定，但会认为满足他的需求是很简单的事，甚至在投诉处理人员爽快答应客户要求后进一步提出新的诉求。这无疑让投诉处理人员后续的服务举步维艰，更难管理客户的期望，因此面对这类挑剔型客户，首先要学会有技巧地说不。

干脆直接的"不"往往让客户难以接受，难以有效促进投诉问题的解决。没有必要斩钉截铁地用"不"回绝客户，不妨使用灵活迂回的策略，让客户对投诉处理人员的"不"难以再拒绝。

一是善用权力有限。认真听完客户诉求，做好安抚工作，让客户感知到投诉处理人员想帮他的意愿，但因为权力有限，诚实地说出自己的难处。合理示弱，以便获得客户的理解。

见诉拆诉——一本有料又有趣的投诉处理书

注意在沟通时正向表达，不要让客户感觉权力有限是不作为的借口。不要所想即所说，诸如"我权力有限，处理不了""我权力有限，只能先给您登记反馈"等。而应营造虽然权力有限，但依然全力以赴为其处理的感受。例如，"这件事确实很为难，我权力有限，不过我们再三申请，给您争取到的最大权益是……"

二是从时间上推脱。对客户需求较急，同时问题处理需要时间较多，或者时间跨度长的事情，无须直接表达拒绝，表达愿意积极处理的主动服务态度，同时和客户阐明所需具体时间，让客户自己权衡做出判断。

三是以必要条件拒绝。当客户诉求无法满足，同时鉴于和客户良好合作关系考虑，不方便直言拒绝时，可考虑在答应对方诉求的基础上提出必要条件。善于拒绝的人，往往也是善于提出条件的人。例如，可以让对方延长服务时间，抑或加大购买量，或者对项目周期进行调整等。总之，这个条件对于对方而言是有一定挑战性的。

四是以"难"婉拒。直接拒绝客户，对方往往很难接受，认为投诉处理人员是推诿。对无法满足的客户诉求，经过解释，对方如果依然坚持己见，那就用服务的卖力度和真诚的沟通让客户知晓事情的难度，往往对方便会理解。

五是善用其他客户拒绝。客户执着于自己的想法与要求，往往是在没有参考的前提下设想的符合自身需求的诉求。将其他客户作为参考标准，让对方知道同样类型的客户的解决方式与流程。借助其他客户来回绝，这样既体现了企业服务的严谨性，又体现了完善的服务体系制度和统一的服务标准。

六是回避式拒绝。面对客户的诉求，很多时候投诉处理人员很难立刻给出所有答复。投诉处理人员不能不假思索地答应，也没有必要直接回绝。先给自己找个理由抽开身，给彼此一点时间。也许后面客户的问题已经迎刃而解，即使当时对方的问题没有解决好，也给自己争取了时间，更妥善地思考如何处理。

说"不"六法

- 善用权力有限
- 从时间上推脱
- 以必要条件拒绝
- 以"难"婉拒
- 善用其他客户拒绝
- 回避式拒绝

当客户提出诉求时，作为服务接待者，满口答应是最轻松的表达方式。当下也许会抹不开面子，也许会顾虑拒绝体现的是能力不足，也许会担心影响客户关系，但请一定不要不假思索地满口应承。承诺了的事情，最终没有办到，可能会激化矛盾，换来投诉升级。

硬撑着勉强应承下来，往往最后为难了自己，也耽误了客户的事。当你觉得做不到时，勇敢拒绝客户，如"抱歉，这件事我确实无能为力""我现在确实无法承诺您，现在答应您了，但最后没做到也是我的工作失职""现在答应您但之后没做到，影响的还是您的进度"。

投诉处理人员不是万能的，不是所有问题都能处理，要学会小心说"是"，合理说"不"。

小心说"是" 合理说"不"

- 巧妙运用夸奖。

中国有句俗话，礼多人不怪。如果客户对产品或服务提出更高要求，这时不妨夸夸客户。例如，"您对产品各个维度都考虑得非常仔细，考虑问题也很长远，一看您就是内行人。我们也十分乐于和您这样懂产品的专业人士沟通。"

若客户想要补偿，也可以夸夸客户。投诉处理人员可以说："通过跟您沟通，也知道您非常专业，您提出宝贵意见也是希望我们不断精进服务，而不是在意小礼物（积分、赠品）。"此话一出，客户多少会进一步衡量。

- 权益底线。

客户之所以表现出强势，敢于提出补偿要求，是因为他发现了问题点。如果客户言之有理，那么在处理投诉时需明确能为客户争取的权益的底线是什么。在权力范围内尽可能为企业止损，同时用专业应诉技巧让客户有收益的感觉。

【一个例子】 **协商无果后向监管部门投诉**

客户致电客服热线投诉保险公司在其不知情的情况下为其办理保险，要求全额退保、赔偿额外损失并道歉。客户对企业处理意见不满意，三次向监管部门投诉。

从投诉处理中了解到客户在多家金融机构都有投诉。该保险公司共七次致电客户协商，总通话时长三百八十三分钟，平均每通电话五十五分钟。针对客户诉求企业已明确告知：①全额退保可以满足；②补偿费已申请最高额度三千元；③如对服务体验不满，企业给其道歉；④对保险办理及扣费问题，保险公司核实后认为无瑕疵，无法满足客户道歉诉求。

客户坚持认为：①保险公司盗刷其信用卡扣费；②对保险公司提供的证明或解释始终不相信；③要求保险公司给予赔偿和公开道歉（不愿意诉讼，坚持要求公开道歉，客户要求赔偿金额一万元）。

该保险公司左右为难，如按客户诉求给其相关费用会造成示范效应，不给费用会造成多次投诉。

案例解析：

以上案例是某保险企业的一个案例咨询，从企业提供的文字描述来看，可能存在以下两类情况分析。

第一类情况分析：企业端无问题。

- 双方举证，适度以刚克刚。

保险方：客户产生保险费用一定有保险合同，线上购买也应有电子合同。本人确认签字即视为合同生效。如果客户说误操作，那是客户个人行为，且解决方案中企业已同意全额退保。如客户依然坚持不知情，根据之前沟通，从客户关怀的角度企业支付三千元补偿款。

客户方：请客户提供补偿一万元的依据，监管部门是保护投保人与保险公司双方的，补偿赔付要有据可依。此外，《银行保险机构消费者权益保护管理办法》也是倡导消费者可依法合理维权。

- 最后通牒。

给出保险公司最后意见，说明能做的底线是什么。若不接受，建议客户基于《银行保险机构消费者权益保护管理办法》合理维权。

● 客户给企业最后通牒。

企业可以从单一焦点向多焦点谈判，强调不接受建议的损失与不利，管理客户的期望。客户愿意反复和企业交涉还是想解决问题的，一直僵持对彼此都不好，可告知企业方底线，在底线内寻求共识。

● 搁置法＋持久战。

该客户是挑剔型客户，解决这类客户的问题需要投诉处理人员有更多耐心，最后通牒结束后可给彼此一些冷静的时间，先不着急结案。

● 公司法务或第三方权威机构协同处理。

企业的复杂投诉，往往不是一个部门或者一个投诉处理人员能直接决策和解决的。各种方式都使用后如客户还是不接受，可升级由公司法务或第三方权威机构协同处理。

第二类情况分析：企业端存在部分问题。

案例中有提到企业愿意给予三千元的补偿，如果在客户服务中，企业确实存在服务不妥之处，那妥协与让步的尺度就得看企业的态度与决心。

当然，如果企业本身在保险办理服务中不存在问题，建议不要用"赔偿"二字。这三千元费用可以表达为企业对客户体验的重视或关怀等。投诉处理中遣词用字需要严谨，避免不恰当地承认错误。

纠缠型客户——牛二

客户画像

● 反复联系企业投诉，甚至软磨硬泡。

- 侃侃而谈，不愿结束对话。
- 吓唬工作人员。
- 不听投诉处理人员讲道理。
- 做出不理智的、破坏性的行为。

客户需求分析

- 通过提出过高要求让对方妥协，最终达到目的。
- 用软磨硬泡方式让对方害怕。
- 彰显自己厉害。
- 凸显自己的重要性。

应对策略

- 给自己一剂预防针。

处理这类客户的问题首先要调整好自己的心态，做好持久战的准备。客户长时间联系企业，反复投诉提出争议，也是希望解决问题。人无欲则刚，但凡客户还有所求，问题终将能解决，无非需要多花时间、精力去达成共识。

- 以柔克刚。

真正做服务的人都知道，做到全面周到的服务并不难，难的是面对纠缠的客户依然能保持服务质量的稳定。对纠缠型客户，先以柔克刚再以理服人，让客户感觉被重视。

- 获得发言权。

当对方侃侃而谈的时候，需要投诉处理人员想办法获得发言权。但不是直接非常生硬地打断客户的讲话，如"打断您一下""您听我说一下"，又或借由"您稍等我去查询一下""我去进一步确认一下"等理由，离开对话现场给双方以冷静的时间。稍微离开一会儿，再回到服务现场的时候，投诉处理人员就能获得本次对话的发言权。第一句话一定要由投诉处理人员来说，这样自然而然地就把对话的发言权转移到了自己这方。

- 以刚克刚。

如果以柔克刚不起作用，就得刚柔并济。当投诉处理出现以下四类情况时，可以适度以刚克刚。

一是客户持续提出过高要求。无法对客户期望进行管理，面对企业的妥协与让步，客户坚持己见。

二是严重扰乱企业经营秩序。扰乱企业正常运营和工作开展，给企业造成不良影响。

三是人身伤害。客户与工作人员或其他客户有肢体冲突或故意伤害。

四是恶意骚扰。客户为达成目的而对客服人员进行骚扰。

- 强势运用注意事项。

强势运用需要展现的是解决问题的态度、不变的原则、坚定的口吻。不是在客户面前展示比他厉害，不是和客户发生肢体冲突或语言争执。

当投诉处理人员语气不示弱、表达坚毅从容、行动沉着果断、眼神坚定不闪躲，往往可激起对方对自己态度、行为的审视。投诉处理中展现出来的气魄在一定程度上能让对方感到投诉处理人员会坚持自己的底线，不会轻易妥协，从而使对方调整目标。

不要触碰企业"服务高压线"。例如，在投诉处理时长时间无应答、对客户言行不当、与客户发生肢体冲突等。

【不立刻取卡拿钱就砸了自助设备】

牛二深夜在银行自助设备区取款，被设备吞卡吞钱。牛二十分担心，便致电银行客服热线，坚持要求当场取卡取钱。牛二不愿挂断电话，且一边骂骂咧咧，一边敲击、踢自助设备，并扬言如不立刻让他拿到卡和钱就把自助设备砸烂。

客服人员为牛二办理了紧急挂失以确保卡内资金安全，他依然不放心，担心设备在其离开后会自动将卡和钱吐出。牛二不愿挂断电话，导致客服人员无法联系自助设备维护人员。

案例分析：

一是同理安抚客户。站在客户视角，对方言行不当也是希望尽快解决问题，拿到卡和钱。合理化客户情绪，换位思考安抚客户。

二是紫格尼克效应法。唤醒客户解决问题意识，让其从情绪中抽离出来。例如，"我知道您不愿意挂断电话也是对我的信任，希望我能协助您拿到卡和钱。您放心，结束通话后我会第一时间联系自助设备维护人员处理。"

三是损失比收益让人更能感知到。可提醒客户，如果一直不挂断电话耽误的最后还是客户自己的时间。可以承诺客户，挂断电话后第一时间联系自助设备维护人员，同时约定一个回复客户的时间。

四是适度以刚克刚。客户在自助设备区损害设备，要对客户进行警示。例如，"自助设备区是有监控的，损害设备影响广大客户资金安全，您也需要负相应法律责任的"。

五是让客户安心。客户之所以如此激动，并出现过激行为，主要还是担心自己的资金安全。从业务流程上确保客户资金安全，从服务流程上让客户知晓出问题有专人处理，整个过程有专人跟进，回复时间有承诺，这样才能有效化干戈为玉帛。

理智型客户——冷静

客户画像

- 客户十分冷静，条理性很强，不冲动。
- 思维缜密严谨，不会轻易被外界干扰。
- 客户本身对业务、流程十分熟悉。
- 客户往往学识高，可能是相关专业人士。

客户需求分析

- 对安抚需求不大。
- 以解决问题为导向。

- 对服务专业性要求较高。
- 注重服务细节与处理结果。

应对策略

- 沉着应对。

和冷静专业的客户同频共振，说话必须不偏不倚，坚持客观立场。投诉处理人员要控制好情绪，慌乱易露怯，态度保持不卑不亢。

投诉处理中与客户互动，一句话除了回应事实外，往往还包含了自我的情绪回应。对此类客户，回应事件的本身，避免传递个人情绪，是投诉处理人员冷静与专业的体现。

- 业务专业。

处理投诉不是光服务态度好就可以了。对理智型客户来说，更在意的是能够得到投诉处理人员提供的专业、可靠的服务。正如去医院看病一样，一个医生服务态度一般，但找他看病基本都能治好；另外一个医生服务态度非常好，就是开刀时不小心把纱布落肚子里了，你会选哪个医生就医呢？我们一定会倾向于选择更专业的人士。

这类客户本身对产品和服务有一定的认知和判断，要想在投诉中与客户达成共识，需要投诉处理人员拿出过硬的专业水平，并尽可能提供相关数据或有力证据，不能投机取巧。

- 真诚应诉。

面对这类客户要严谨和礼貌，并展现真诚。在应诉过程中，如果客户发现了敷衍或识破了话里有水分，那后续投诉处理只会更加困难。严谨、礼貌、诚实是理智型客户的特质，所以要让客户感受到投诉处理人员也是这样的人。

- 灵活服务。

这类客户来投诉或提出疑问时，往往已经有他深信不疑的判断了，因此过于生硬、耿直的说服和回应肯定难以化解投诉，投诉处理人员需要有灵活服务的意识。假话绝不说，真话正向说；拒绝不言不，认同不虚言；承诺有尺度，妥协有限度。

【买基金不留神，申购费贵10倍】

冷静是个老股民，跟大多数股民一样，没赚到钱。后来他改行去买基金了，冷静在手机下载了某基金App，那段时间行情很好，他套了两年的股票终于解套了，准备把钱都投到基金里。一天晚上，冷静在App里选了整宿，看中了一款基金，申购费仅0.08%。

第二天，当冷静打开某证券公司App，准备把钱转出去买基金时，看到该证券公司恰好也在代销这款基金。他心想干脆在这里买好了，省得转账麻烦。谁想一念之差，踏上了漫长的投诉之路。

原来，该款基金的标准费率是0.8%，基金App上费率打了一折，所以才显示0.08%。但是证券公司那里却是标准费率0.8%，一分没少。冷静一下买了20万元基金，如果在基金App上买费率是160元，而在证券公司那里买却是1600元，白白多花了1440元。于是他致电证券公司营业部投诉，营业厅客服人员表示基金购买属于个人行为，其权力有限无法赔偿 1440 元。

冷静为了顺利要回这笔手续费，他在证券公司 App 上重新尝试了一遍申购流程。他惊喜地发现，整个过程都没有提示费率，于是他让家人协助录制视频作为证据，并投诉证券公司客服中心及相关监管部门。

投诉到营业部时，客服人员主要应诉策略是安抚客户情绪，而冷静并未接受处理意见。

投诉到客服中心后，证券公司换了位主管进一步与冷静协商。该主管语气平缓，愿意给冷静寄送价值几百元的礼品作为客户关怀。冷静感觉企业松口了，还有争取的空间，于是进一步升级投诉。

投诉到相关监管部门时，冷静拿出《国务院办公厅关于加强金融消费者权益保护工作的指导意见》作为法律武器，以保障金融消费者知情权为由投诉了该证券公司。该证券公司以感谢客户意见为由，赠予一部手机对冷静表示感谢，最后冷静接受并与证券公司达成了共识。

案例分析：

- 客户类型分析。

冷静属于典型的理智型客户，多年的金融投资经验使其善于在投诉中搜寻证据，维权意识十分强。投诉的目的也非常明确就是要把费率的差价要回。

- 真诚且专业的应诉。

冷静的投诉可谓有理有据，证券公司的应诉也得有理有据并做好充分准备。基金申购时的费率条款证券公司也可以作为有力回应，同时也可以夸夸客户,如"我知道您是多年的老股民,对基金申购流程及注意事项都很清楚,您多次反馈这个问题肯定也是希望我们不断精进服务"。该证券公司也高效地采纳了客户意见,优化了基金申购费率提醒界面。客户是非常专业地投诉,投诉处理人员也要非常专业地处理投诉。这样才能和客户更好地同频共振,化解投诉。

- 客户期望管理。

对这样的理智型客户,投诉处理人员在处理前需要厘清服务让步底线。客户再次投诉时,证券公司主管回复给予价值几百元的礼品作为客户关怀,相信是当时企业给客户争取的最大权益。然而客户为何却一而再、再而三的升级投诉。在处理客户的再次投诉时,投诉处理人员下的最后通牒是否传达给客户这是最后通牒了呢?争取该权益的难和不易需要传递给客户,最后通牒的态度需要通过坚定的口吻让客户知晓,而不是给客户还可争取更多收益的感觉。

- 用感谢代替道歉。

从提供的金融产品上来说,证券公司无问题,所以是从感谢客户宝贵意见的角度赠送礼物。不为莫须有的错误道歉,但为客户的宝贵意见表达感谢。

涉媒型客户——威震

客户画像

- 媒体相关从业者,如记者、电台主持人、自媒体从业者等。
- 扬言要曝光到"315"等权威投诉平台。

客户需求分析

- 为民众或自己讨说法。
- 引起舆论压力，促使企业解决问题。
- 引起企业重视。

应对策略

- 建立契约信任。

客户之所以不通过企业提供的渠道投诉，而通过第三方权威平台投诉，就是对企业失去了信任。要么之前投诉无门，要么与企业投诉的问题未得到重视和解决。

因此，权威第三方代表客户联系企业反馈问题时，首先应积极建立契约信任。契约信任不仅仅是口头上表达重视，还应积极受理客户问题，在企业系统中建立投诉工单，让客户的投诉案件随时可追溯，让处理进度、处理责任人、处理结果均有据可查。

面对媒体或权威客户投诉，不得以自己不是企业公关部门为由推诿和拒绝投诉的受理。诸如，"我不负责这块""您反馈的问题是××部门负责，你需要联系他们。"

- 沉着应对，不慌于记录。

对企业而言，涉媒类的案件还是相对较少的，有些投诉处理人员经验不足，一听到对方是媒体客户就非常慌张地表示立刻记录客户的问题，甚至连基本服务礼仪都遗忘了，能很明显地感到其想尽快记录好问题，结束服务。

媒体权威人士也是代表客户反映问题，投诉处理人员可以感谢客户的宝贵意见，积极受理问题并记录下来，给予正向回应，但不要给未经核实的回复，更不要在服务中反复探讨未经确认的问题点。

- 涉媒应急处理制度与流程。

面对这类权威客户，投诉处理人员的专业素养很重要，应急处理制度与流程更重要。相关制度的建立能更好地做好危机预警管理，明晰投诉处理人员权责，让其能从容应对这类权威客户。

- 权威第三方法。

对有些处理不了的问题，企业发声的力量太弱小，不妨借助其他权威第三方站出来发声。

一个例子 【电台致电声讨服务与产品质量】

某广播电台主持人威震代表广大客户致电 4S 店反馈汽车漏油问题，声称 4S 店服务经理拒绝接受媒体采访，十分生气，于是致电该汽车品牌客服中心投诉。主要反馈两个问题：一是 4S 店服务经理不作为；二是多位车主反映汽车漏油问题。因为电台主持人之前致电 4S 店投诉未得到妥善解决，再次致电客服中心时，主持人在电台直播中也代表广大客户表达了强烈的不满。

电台导播间打通客服热线后，客服人员一听是电台致电不知如何应对，于是让客服主管上线接听。客服主管受理电台主持人投诉时，日常常规的服务开场语、自报家门等均忘记表达，该主管对产品知识比较了解，在线直接与主持人较长时间解释起汽车漏油的问题。主持人在表达了对主管专业度的认可时，同时更多的是声讨服务团队应该及时解决问题，争取用户最大权益，这时客服主管受理记录下了电台反馈的问题，通话结束。

案例分析：

- 涉媒应急处理制度与流程设计。

客服人员不知如何应对，客服主管遗漏基本服务流程与礼貌用语，在线直接与主持人解释汽车漏油问题等，都体现了投诉处理人员对涉媒案件处理的紧张与经验的缺乏。

后来又了解到，该客服中心当时暂无涉媒应急处理流程，员工也不知道如何应对。在服务管理中，此类投诉案件是少数，可一旦没处理好，就可能成为企业的极端负面事件。因此，不能因为涉媒投诉处理量相对较少，就忽略相关的制度管理与人员赋能。

- 媒体客户情绪安抚三步骤。

第一步，用感谢代替道歉。媒体客户代表广大客户声讨时，客服人员需要及时表达歉意，但是又不能未经核实就随意认错。这时可用感谢来代替道歉。例如，"感谢您代表广大客户与我司反馈此情况"等。

第二步，表达重视。产品使用者通过第三方权威平台投诉是希望企业能够重视反馈的问题，所以此时需要及时表达重视，进行情绪安抚。例如，"对于您代表广大客户反映的汽车问题，我们十分重视，产品质量也是我们企业的生命线，我们一定立刻核实处理。"

第三步，受理问题。此类投诉的处理，不要将过多精力放在产品质量的解释上，这个时候的解释容易让客户解读为推诿与不负责。要先安抚后将投诉引导到问题的解决上来。例如，"您反馈的这个问题，我这里第一时间受理下来，相关部门核实后第一时间给您与广大客户一个反馈。"

- 建立契约信任。

用户通过第三方权威平台来投诉，从某种角度上来说，客户对企业失去了信任。此时受理客户的问题一定要用工单记录下来，或通过企业相关系统流转处理问题，这样投诉处理的每一个步骤都有据可查，可追根溯源，避免客户再次致电催复或核实进度时查询无果。

- 沉着应对，勿慌乱。

面对权威型客户切忌慌乱，媒体客户也是人。在过去进行实操辅导时，发现有的投诉处理人员一听到是媒体从业人员就条件反射似的立刻说道："我这里帮您记录下来。"该有的服务礼仪流程和安抚用语还是要一如既往地表达，同时受理媒体投诉时控制好语速，否则容易显得十分慌乱，经验不足。

- 面对媒体澄清注意事项。

投诉处理人员在接到媒体来电时，花大量时间与主持人在节目中解释漏油现象，难免有想规避责任之嫌。投诉处理澄清这个步骤很重要，但要注意场合和时机。急于解释往往易被解读为辩解。对于直面媒体客户的第一手投诉处理人员来说，要第一时间响应，但不要第一时间回应。另外，对于企业难以直接解决的问题，可能不是一线投诉处理人员就能直接澄清的，很多时候需要借助第三方权威出面证明，公信力会更大。

【"315"投诉案例】

用户威震去一家大型卫浴品牌店购买浴室柜产品，未按导购建议配标配的龙头，非要自己选配龙头。这导致安装完后龙头出水位置溅水，威震要求退货或更换产品。该公司同意用户更换要求，但要求威震补上两款产品之间的差价。威震认为是产品的质量问题，不接受企业建议，并向"315"晚会热线投诉。

案例解析：

- 道歉与安抚。

该企业产品并没有问题，而是客户选择的水龙头不匹配。不是企业的错，投诉处理人员不能随意承认错误，但是客户需要作为消费者的被尊重感。所以企业不为产品质量道歉，但可以为客户没有获得好的服务体验而道歉。

- 第三方权威。

客户认为是企业产品质量的问题，这时企业自己说产品没问题难免有自夸之嫌。所以该企业请相关部门对该类产品抽样检测并出具质量报告，给客户一个回应，同时也向广大客户证明企业产品质量是过硬的。

- 客户关怀。

最终企业基于用户体验考量为客户免费更换了一个水龙头，同时企业送了两套水龙头给市监局抽样检查。也就是说应对此次"315"投诉，在企业无问题的情况下，损失了三套水龙头。

行业同人对于这种企业方无问题的投诉是否给予赔偿颇有争议。不支持这样做的原因主要是考虑客户期望管理，担心群众效仿产生从众效应，但我们发现很多企业还是愿意从客户体验角度给予客户关怀。这些企业往往不是考虑当下一点损失，而是考虑企业的口碑与长远经营。

危机公关本质是降低损失，而不是回避责任。 这样的危机事件也是企业展现勇于当责的契机，所言所为都展现了企业解决问题的态度和决心，这类危机公关处理好了，也可转危为安，增强消费者对企业的信心。因此，如何处理危机根植于企业的服务价值体系中。

危机公关

危机公关本质是降低损失，而不是回避责任。

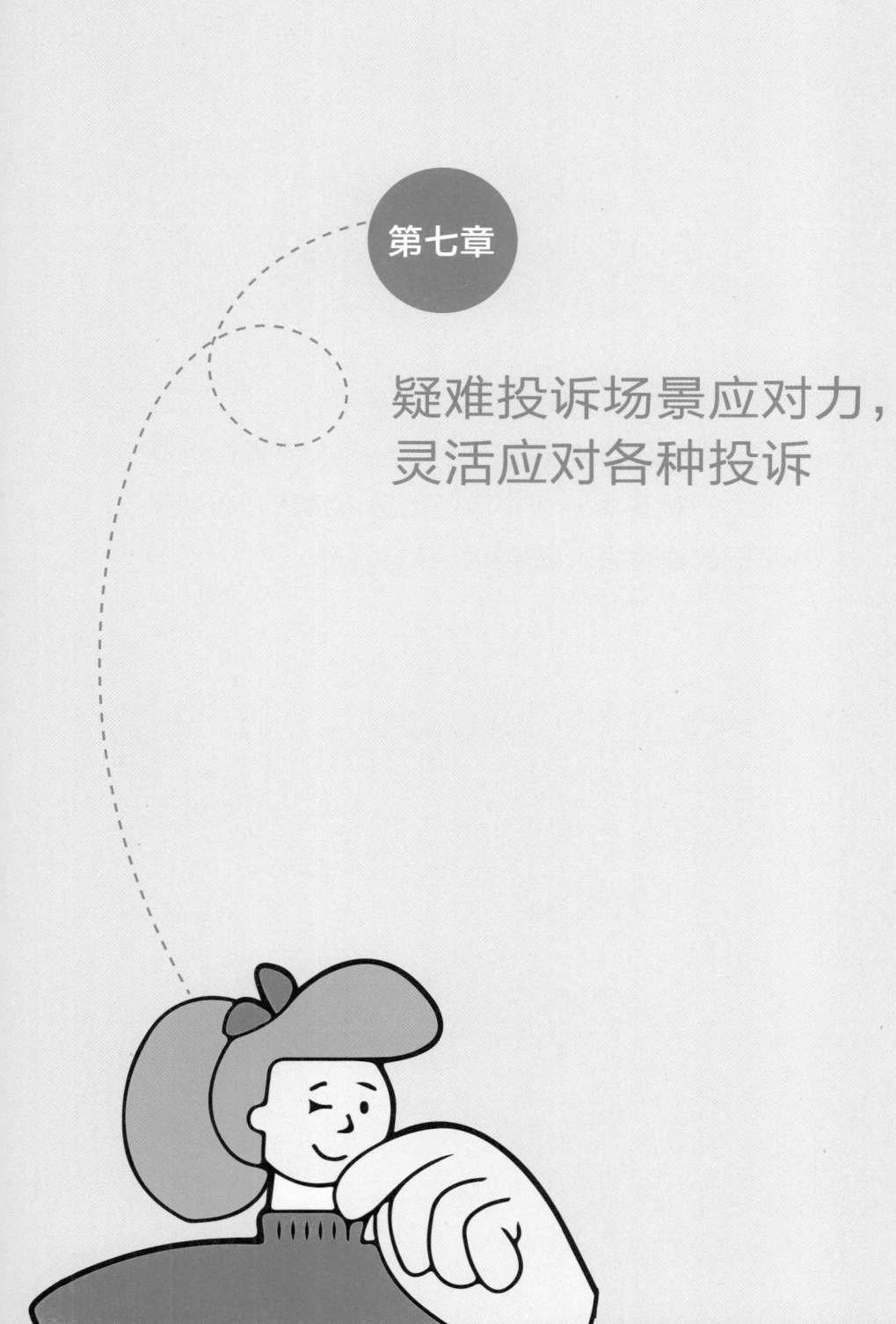

第七章

疑难投诉场景应对力，
灵活应对各种投诉

要想将投诉处理技巧转化为个人的投诉处理专业力，真正做到淡定自若地见诉拆诉，有赖于在不同的疑难投诉场景中历练与提升。

第七章 疑难投诉场景应对力，灵活应对各种投诉

要想将学习到的投诉处理技巧转化为个人的投诉处理专业力，真正做到淡定自若地见诉拆诉，有赖于在日常工作中不断实践。特别是不同的疑难投诉，每一次应诉都是对自我的历练与提升。

本章整理了十五个疑难投诉场景，不知您已经遇到了多少个类似如下的疑难场景？是否曾经或当下也困惑于以下这些投诉场景？我们在书中遇见，工作中实践，一同不断精进自己，自信从容处理各类投诉。

客户要求立马解决你处理不了的问题怎么办

- 无法立刻解决可以立刻受理。

一定有解决不了的问题，但没有受理不了的投诉。不要跟客户强调无法立马处理的事实，而应强调立刻受理的积极态度。记录客户诉愿，流转到对口部门跟进处理。

- 示弱。

示弱不等于软弱。示弱是换种方式迂回地解决问题，是智慧的表现。可以和客户说："您的问题我们非常重视，公司会连同多个部门共

同为您尽快处理，在未核实好之前，作为客服人员也不好随意给您承诺，否则是我工作失职。"

- 暂缓一下。

投诉的问题超越了经验范围，公司知识库也无相关内容作为处理依据，可让投诉处理暂缓一下。为客户核实确认也好，为客户倒杯水也行，短暂暂停后也许客户的问题就不是问题了。

一定有解决不了的问题，但没有受理不了的投诉。

客户急切地催复处理时间如何应对

- "这个问题你们怎么还没有处理好？"
- "你说到底需要多长时间？"
- "你今天必须告诉我具体哪天、几点、几分能处理完？"

在紧急情况下，即使说了马上加急处理，尽快回复客户，对方可能也很难满意这个答复。这类非常着急的客户，往往希望当场直接解决，或者当面让你承诺具体时间点。然而复杂的投诉处理通常需要企业内部团队配合共同处理，涉及多个环节和步骤，作为现场受理客户投诉的处理人员，很难直接跟客户讲明处理好的具体时间。无法回复时间，就回复进度。不管投诉处理结果如何，都在客户要求时间内回复客户进度。

客户不听你的怎么办

在投诉处理中，是否经常会遇到如下类似场景。

客服："先生您听我说！"

客户："我为什么要听你的？你们都是一伙的！"

客服："我跟您解释下，出现这个原因……"

客户："你跟我说这些没用。"

职场中是否会听到同人相互抱怨"客户根本不听我说""客户真是油盐不进"等。大家想想，客户不听你的，是想你能够听他的。我们没有听对方的，何以要求对方一定要听我们的呢？连听他说都满足不了，客户何以配合你？因此当客户不听你说时，你说再多也没用，这时最重要的是听他说。

见诉拆诉——一本有料又有趣的投诉处理书

拒绝的话在心口难开

拒绝客户是卡在不会和客户说"不"吗？显然不是，但似乎就是有一种神秘力量总让投诉处理人员难以说出拒绝的话。表达拒绝不难，本书第六章也写到了一系列如何对客户说"不"的方法。然而，投诉处理人员难免还是会担心拒绝带来的负面结果，会觉得不好意思，会觉得尴尬、有压力。所以，首先要重新客观建立拒绝的认知。专业的投诉处理人员应该相信自己有足够的价值让客户包容你的拒绝。

你拒绝了客户某个需求，但你可以考虑是否可以提供其他附加值服务？抑或满足客户一个其他需求？当我们足够自信于企业产品、自身服务时，你便会有说不的底气。

客户无法理解你怎么办

投诉处理人员往往能做到同理客户，然而客户未必能同理投诉处理人员。投诉处理中会发现有同人对客户提出请求，诸如"希望您能理解""期待您能谅解"等类似话术，可客户未必如你所愿能理解你。所以首先要弄明白，对方是不愿还是不能理解。

　　人总是喜欢把情绪宣泄给自己最熟悉、最亲近的人。因为对方给了你安全感，你才敢把情绪抛给对方；为什么客户跟投诉处理人员一点都不熟，却总是不理解，还会跟投诉处理人员发脾气。那是因为陌生人也同样可以让他毫无包袱地发脾气。反正发完脾气后也不会多接触了，电话端客户服务更是如此，客户更加毫无心理负担，反正素未谋面。即使明知道把情绪宣泄给投诉处理人员不好，但就是不愿同理。那么，投诉处理人员又何须为不在意你的陌生人而生气？告诉自己他不是在针对你，他只是在针对企业产品、企业制度等。

　　还有的客户不是故意惹你生气，也不是故意不去理解你，而是他真的想不到。与其等对方换位思考，不如尝试帮对方换位思考。

一个例子 【不解决就不挂断电话】

客户夜间在银行自助设备上取款未出钱，于是拨打客服热线投诉。客户要求在线解决问题，就是不挂断电话。

客服："如果您一直不挂断电话的话，我无法联系自助设备维护人员为您处理问题。"

客户："我不管，我就不挂，这可是我的钱，不是你的钱你肯定不着急。你自己再找电话打。"

客服："如果您一直在线的话，稍后自助设备维护人员到现场也不方便联系您。（尝试帮对方换位思考）您放心，我过十分钟再主动联系您，与您反馈处理的进度情况，您看可以吗？"

案例分析：

客户不理解、不配合，有可能是不了解。此时提示他如果不挂断电话，工作人员是无法联系上他的。给客户一个同理你、认同你的理由，帮助对方换位思考。

努力发自己的光，不必强求他人也发光。只求投诉解决，不求客户理解。

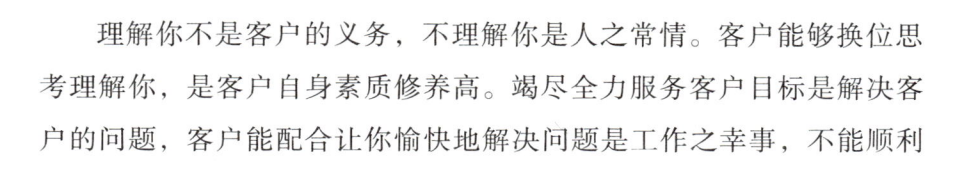

理解你不是客户的义务，不理解你是人之常情。客户能够换位思考理解你，是客户自身素质修养高。竭尽全力服务客户目标是解决客户的问题，客户能配合让你愉快地解决问题是工作之幸事，不能顺利解决是工作之历练。

客户投诉时反复说竞品的优势该怎么办

- 不与客户争论，不说竞品不好。

客户投诉拿企业产品与竞品作比较，一直强调竞品的好，对客户误解而产生的一些分歧观点容易下意识与客户辩解。在投诉处理人员看来可能是解释误区或产品技术争论，但是就客户看来，是否定他的观点与判断力，容易激怒对方，破坏彼此的合作关系。

- 厘清客户投诉真实目的。

客户口中的竞品有如此多的优势，但他没有放弃合作去选择竞品，而是联系企业投诉抱怨，这类客户往往还有继续合作的意愿，说明客户还是有一定忠诚度的。颇有微词的客户好过一个对你不屑一顾的客户。这类客户强调竞品的好，往往是希望引起企业重视把问题解决，或期待改善服务，抑或希望获得一些附加值等。投诉处理人员需厘清客户真实目的，在安抚好客户的同时尽快解决问题，给客户有收益的感觉。

当然不排除客户一直强调竞品优势，是不想合作的说辞或理由。那么作为投诉处理人员要积极受理客户的意见，助力企业不断优化产品与服务。

见诉拆诉——一本有料又有趣的投诉处理书

> 颇有微词的客户好过一个对你不屑一顾的客户。

- **借助其他客户澄清。**

客户一直强调竞品优势,可能是对自己购买的产品和服务有顾虑,可借助其他客户的体验与反馈澄清客户的误解。

- **引导客户全面看待产品。**

客户所强调的竞品优势往往是对方产品个别或部分优势,可引导客户全面分析产品的特性。

反复沟通后客户依然拒绝你的建议怎么办

投诉处理时投诉处理人员会花大力气让客户说"是",然而对执着不愿妥协的客户,越想说服对方,越容易让对方恼怒。成功说服客户固然好,但被拒绝也不一定是坏事。对一个优秀的投诉处理人员来说,客户的拒绝值千金。一定要意识到客户拒绝的背后都有巨大的机会。客户拒绝的那一刻,也是最容易答应的那一刻。客户每说一个"不",都可以思考还可以达成其他的什么共识?可以提出其他的什么需求?可以交换其他的什么机会?

客户拒绝的那一刻，
也是最容易答应的那一刻。

客户的拒绝值千金

客户求偿索赔怎么办

● **消费者有依法求偿权。**

《中华人民共和国消费者权益保护法》强调保护消费者的依法求偿权。求偿是消费者的权利，作为投诉处理人员受理客户求偿诉愿是工作的职责。畅通投诉处理渠道，积极受理客户诉愿。

● **明晰补偿标准与底线。**

消费者享有依法求偿权，但并非企业要接受客户的所有求偿要求。注重客户体验，不代表无底线、没原则，否则也会引发负面示范效应。企业在处理此类诉愿时要有明确的赔付标准，明晰处理权限与底线。

处理这类投诉还需了解相关法律标准，武装自己的头脑，提升自身应诉专业度。2013 年，我国修改后的《中华人民共和国消费者权益保护法》中进一步延续和强化了惩罚性赔偿制度，将赔偿金额由原来"消费者购买商品的价款或者接受服务的费用"的一倍提高至三倍，并特别规定增加赔偿的金额不足五百元的，按五百元计算。

根据《中华人民共和国食品安全法》规定，生产不符合食品安全标准的食品或者经营明知是不符合食品安全标准的食品，消费者除要求赔偿损失外，还可以向生产者或者经营者要求支付价款十倍或者损失三倍的赔偿金；增加赔偿的金额不足一千元的，为一千元。即食品有问题的情况下，客户有权要求十倍赔偿。

一个例子 【餐食中有玻璃】

顾客去某连锁餐厅购买了一份二十八元小食，吃的过程中发现了一块小玻璃，于是找到店长投诉反馈情况。店长立刻受理并与客户协商马上重新做一份。

客户十分生气，认为要不是自己及时发现玻璃，吃进去后果不堪设想，不接受商家重做一份的建议，并要求赔偿十倍的费用。商家讲述了小食制作的全流程，制作过程中也不涉及玻璃器皿等，表示愿意重做一份，同时加赠其他小食。客户依然不接受，后来投诉到相关监管部门。

后经相关监管部门工作人员协调，最终商家赔偿顾客二百元。同时，监管部门请该餐厅停业核查整顿，无异常后再重新开业。

案例分析：

企业运营管理人员还是需要了解相关法律知识，知晓赔偿相关标准。这样应诉时心中有标尺，对顾客合理诉愿尽量满足，对过高求偿投诉有理有据地拒绝。

损失比收益让人更能感知到，赔偿令企业不悦，停业核查更影响生意。两弊相衡取其轻，及时止损是关键。

● **管理客户期望。**

厘清客户真实需求，让客户感知到过高求偿的难度。若企业无法满足客户，客户也不愿接受企业最终的解决办法，可请第三方权威机构协调。

【急用钱退保】

八年前，张女士在某保险公司购买了一份重大疾病保险，保额五十万元。现在张女士急需用钱，于是前往保险公司办理退保手续，柜面工作人员告知如果退保，保险公司将按照合同约定金额退还现金。张女士对退保金额不满，便拨打保险公司客服热线投诉。保险公司投诉处理人员第一时间联系客户沟通投诉事宜，经反复沟通，均无法达成一致意见。保险公司征求张女士同意后，申请由当地调解组织进行调解。调解人员表示张女士名下保单属于重疾保障型产品，建议张女士保留，若急需用钱，可以进行保单贷款，最终张女士认可并放弃退保。

案例分析：

本案例中，保险公司建立了完善的投诉受理渠道及处理机制，在无法与消费者协商一致的情况下，积极向当地调解组织申请调解，有效保障了消费者的依法求偿权。

客户索要精神损失费怎么办

有的客户在投诉时，不仅要求企业要解决问题，还会向企业索要精神损失费。投诉处理人员在应诉时心里还是需要有杆秤，知道什么情况下该给精神损失费，什么情况下不涉及给补偿费用。

《关于确定民事侵权精神损害赔偿责任若干问题的解释》规定了精神损害抚慰金包括以下几种方式。

- 致人残疾的，为残疾赔偿金；
- 致人死亡的，为死亡赔偿金；
- 其他损害情形的，为精神抚慰金。

自然人的生命权、健康权、身体权、姓名权、肖像权、名誉权、荣誉权、人格尊严权、人身自由权等人格权利遭受非法侵害时，可以依法请求赔偿精神损失费。

如侵害到当事人以上几种情况，且消费者能出具相关证明，企业需根据实际情况依法赔偿精神损失费。

当然不是让投诉处理人员处理投诉时，一听客户索要精神损失费就拿法律条文来念，更重要的是用这些法律知识来武装头脑，让自己处理投诉时多一份底气与自信，多一些专业知识储备。

不少企业在实际投诉处理中，即使案件不涉及补偿客户精神损失费，企业依然给予客户一些客户关怀，类似于附加值赠送、礼物赠送等。企业往往是出于希望让客户有良好服务体验、彰显企业服务责任意识、避免产生不良负面事件传播给予的客户关怀。

网络"大V"的投诉如何应对

- 语言表达重视。

这类客户往往在投诉中亮出自己的身份，以此震慑投诉处理人员，希望企业重视并解决问题。作为投诉处理人员可以及时给予客户身份认同，表达对客户反映问题的重视。

第七章 疑难投诉场景应对力，灵活应对各种投诉

- **服务不马虎，应诉不自馁。**

服务中言语正向表达，不激怒客户，不因自身服务滋生新的诉点。按正常流程积极受理客户问题，不忌惮于客户身份。优质的服务是你最大的底气。

很荣幸为您服务

优质的服务是你最大的底气。

- **强调掉"粉"潜在风险。**

粉丝影响力是客户投诉的利器，同时也是他的软肋。可委婉与客户强调此行为可能带来的负面影响及其损失，如粉丝成为"大V"的底气，以此要求更多赔偿，强调可能影响其在粉丝心目中的形象，以此管理客户的期望。

粉丝影响力是客户投诉的底气，同时也是他的软肋。

· 197 ·

耗时费力还是无法说服客户怎么办

- 杜绝服务"应该思维"。

道歉了客户不一定就会原谅，同理客户的心情不一定换回对方的理解，处理了问题客户不一定会对服务满意。付出不一定有回报，更不一定马上有回报。

付出不一定有回报，更不一定马上有回报。

- 让客户难以说"不"。

如果所有客户都很容易被说服的话，可能也没有那么多的投诉了，投诉处理的岗位可能也可以由智能机器人取代了。客户难以被说服是常事，能让客户不说"不"，本身也是一次有效投诉处理。

客户难以被说服是常事，能让客户不说"不"，本身也是一次有效投诉处理。

投诉客户坚持现场讨要说法不愿离开怎么办

客户到访企业做投诉时，为避免影响其他消费者，同时控制投诉事态，往往会请客户移步至休息室、贵宾厅或会议室等，减少客户在业务现场传播负面情绪，进而影响其他业务正常办理。

若客户坚持在现场讨要说法不愿离开，坚持逼问原因或执意要求当场处理，投诉处理人员可以第一时间给予回应，但不第一时间给予回复。回应对客户投诉问题的重视，回应客户的情绪，回应积极受理的流程。对这类敏感客户，不要不假思索、未经确认就随意回复，有可能客户抓住你的不当言论，产生新的诉点，进一步点燃客户的负面情绪。

<u>客户不愿离开，投诉处理人员可暂时抽离</u>。积极受理客户的问题，可借由为客户倒一杯水、客户反映的业务久远需要系统查实、目前手上资料不全去取资料等原因，暂时让自己离开现场。短暂的停顿让客户情绪冷静下，同时处理人员也可以调整一下自己的思绪，争取多点时间厘清思路，或寻求同人帮助。

投诉处理人员返回现场时要获得话语权，引导投诉处理风向。可与客户说："我们在休息室已备好茶歇，您可移步过去喝点水，我们详细沟通。""您反映的问题比较复杂，也是多年前购买的这款产品，我们整理了这款产品的详细资料现已放在会议室了，您移步过去我们坐下来一起慢慢核对一下。"

客户不愿离开，投诉处理人员可暂时抽离。

如何有效应对群体投诉

- **找出意见领袖代表**。

当群体客户集体投诉时，投诉处理人员出来受理投诉时往往会被各种声音包围，此时要能够快速识别并找到群众中的意见领袖代表。他们的特点是：每次说话都能说到关键要害点，且能引起群众的共鸣与呼应；有权威感、处事稳重、受群众尊重；他们未必是话最多或声音最大的，常会处于中心位置。投诉处理人员需要快速精准确认群众中的关键代表人物，才能更有针对性地高效开展投诉处理。

- **迅速隔离，避免扩大负面影响。**

不管是围堵企业门口还是在营业场所集体投诉，都会给企业带来不良的社会影响。此时，投诉处理人员要积极引导群众离开现场，可引导意见领袖代表移步接待室，疏散人群。

- **下黑上白，先下后上。**

群体投诉负面影响大，往往耗时长，难以当场直接解决问题，管理层不要第一时间站出来处理，而应和投诉岗位打好配合。投诉处理人员扮演黑脸，管理层扮演白脸；先下级出面受理，后续投诉如升级再请领导出面，不要一次把所有"牌"都用完。

- **逐个协商，分化瓦解。**

集中受理投诉难以达成共识，也可以采取逐个协商的方法。群体投诉中每个参与者都是希望借助集体的力量解决个人问题，解决自身利益分歧才是关键，而非意志坚定耗时费力投诉。集中在一起受理时，如果声音过多，不妨将意见领袖代表分开，逐一谈判协商。一旦有意见领袖代表达成共识，可用从众法则，再逐一去和其他关键人员达成共识。

- **更换意见领袖代表。**

经过多轮谈判如果还一直僵持，不妨引导群众更换意见领袖代表。群众投诉最终还是希望解决问题，如果代表人员难以顺利推进谈判的进程，那么可以及时与群众反馈受理进度、双方谈判僵持点，讲明一直僵持可能给群众带来的不利之处，促使更换代表人员进一步沟通。

- **权威第三方。**

如果是企业的问题，企业应尽社会责任积极处理解决；如果超出企业责任范畴，一味妥协并非最佳解决办法，可能会造成负面效仿效应。当企业有解决不了的问题时，也可以请第三方权威机构介入。比如引导客户依法维权、请相关监管部门做认证等。

- 请安保单位协助。

群体投诉易发生正面冲突，为确保现场人员安全，可邀请企业安保部门协同投诉处理人员一同出面解决，维护好现场秩序与安全。必要时也可以联系公安机关配合协助共同处理，避免在投诉处理中出现不必要的恶意滋事与冲突。

客户在企业现场直播投诉怎么办

- 请安保、法务、公关、警务等相关部门协助应诉。

客户在现场直播投诉，处理人员往往下意识会用手挡镜头，或者直接在直播中说出"不要直播""把直播关掉"类似的话语，工作人员这些举动是下意识地想保护企业和自身。只是在舆论世界里，粉丝往往读到的不是企业对自身的保护，而是企业的拒绝、不作为、不处理、心虚等。

此类情况需要保卫部门出面维护秩序，协助禁止直播，亦可请企业法务、公关团队出面受理。若法务、公关团队难以第一时间到达现场，必要时可联系警务人员协助，保护企业正常经营秩序，维护员工肖像权等，避免负面事件在网络上恶意发酵。

- 正向回应、避免提供新的传播链接点。

在镜头下，对此类舆论事件要正向回应。假话绝不说，真话正向讲。感谢客户的意见，并表达对问题的重视，积极把客户的问题受理反馈即可。

舆论的扩大与转移都是通过链接实现的，链接是舆论生命的成长模式。为什么及时回应了但舆论不降反升？往往是因为回应给原来的关注点提供了新的链接点。因此发表声明时需评估声明将带来多少新的链接点，评估舆论会在什么方向对新链接点进行链接。发声越随意，被随意言论伤害的可能性就越高。

- 请第三方权威平台、"大 V"做网络正向引导。

网络舆情传播迅速，针对不实传播，企业可请第三方权威平台、网络"大 V"发声，做出正向言论导向，避免恶意传播肆意扩大。

客户当场要投诉你怎么办

- 服务补救。

自己服务无差错，不是无视客户体验的理由。有些投诉是规则无法满足客户需求，是当下投诉处理人员难以直接回答或解决的问题，是技术目前无法加持实现的客户要求。从业务处理角度可能并不是投诉处理人员的问题，但不能因为不是个人原因所致就忽视客户感受。不能认为自己回答或处理无问题，就以无所谓的态度漠然待之。

客户当场投诉你，不代表他不知道很多问题当下投诉处理人员无法直接解决，更重要的是他希望能引起企业的重视，希望能给他提供解决方案，希望投诉处理人员能跟进问题解决。此时听之任之无视，会引起客户对你的不满，激发投诉升级。

及时安抚客户。客户对你的服务不满，此时也许你的内心也充满情绪，如果你实在不想道歉，也可以用感谢代替道歉，感谢客户的宝贵意见，帮助你不断精进服务。无法对客户的过高要求与过激言辞道歉，可以为没有给客户带来好的服务体验道歉。

合理示弱。投诉问题的解决往往不是凭一己之力，也可以请客户宽容一些处理问题的时间，给予你不断改进的机会。

表达重视。客户当场投诉你除了因为生气之外，更重要的是希望以此给予你警示，让你重视他反馈的问题。此时，需要我们及时洞察客户的内在动机，用语言与实际行动表达对客户反馈问题的重视。不怕客户投诉不代表你可以无视客户。

不怕客户投诉
不代表你可以无视客户

- 引导客户关注问题解决。

客户当场投诉你，是他提升问题解决效率的策略，客户反复联系企业最终肯定还是希望解决问题。要及时让客户从负面情绪中抽离，引导到问题的解决中。比如可以说"通过跟您沟通，我能感受到您的顾虑和担忧，您主要也是想尽快解决问题"。

- 不因个人服务态度激化矛盾。

当下也许你无法与客户达成共识，但是至少不要让客户因为你的服务不好引发进一步的投诉。客户对产品不满、对服务渠道不满抑或对其他同事服务不满等，这些都不影响客户对你的服务满意。起码不要因为个人服务态度问题去激化与客户之间的矛盾。

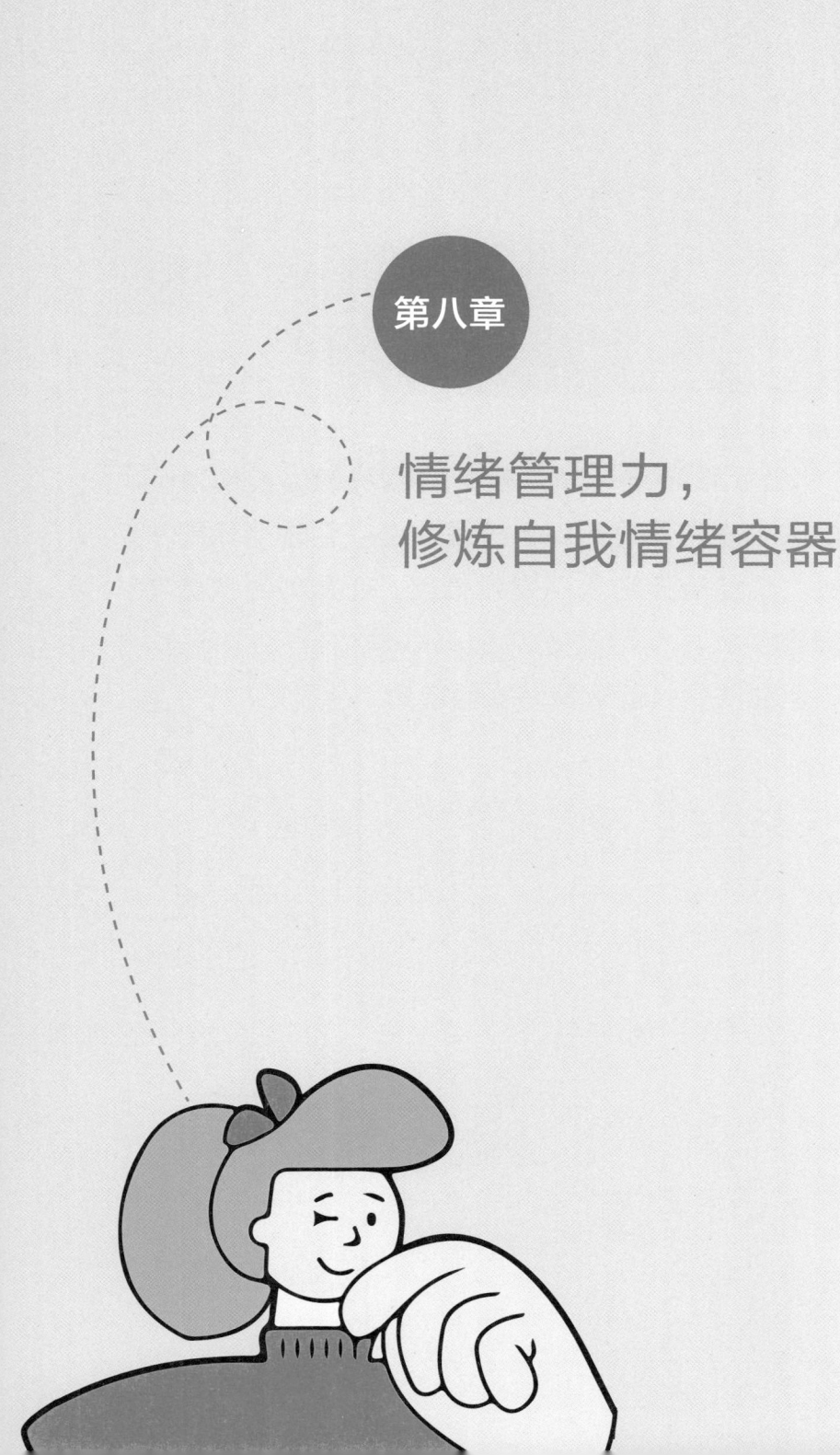

第八章

情绪管理力，
修炼自我情绪容器

负面情绪是一种信号，提醒我们当前解决问题的力量是不足的。情绪是本能，管理情绪是本领。情绪稳定的人不是没情绪，而是他的情绪容器容量大。情绪管理不是一味地克制负面情绪，更重要的是修炼情绪容器的容量。

第八章 情绪管理力、修炼自我情绪容器

投诉处理工作不仅是体力型劳动、脑力型劳动，更是情绪型劳动。投诉处理不仅会消耗大量的情绪资源，而且还会积累不少负面情绪。

我们都有过类似的体验：今天心情不错，就算遇到麻烦事也能一笑而过；今天心情很糟，做什么事都提不起精神，甚至很容易就迁怒于他人。这说明，人的行为会受到自身情绪的影响。

负面情绪是一种信号，提醒我们当前解决问题的力量是不足的。因此需要调动体内更大的力量，作为一个专业的投诉处理人员，不仅要能安抚客户，还需提升自我的情绪管理力。

及时充电

负面情绪是一种信号，提醒我们当前解决问题的力量是不足的。

负面情绪在瞬间产生，但不一定在瞬间爆发。心理学家比昂说，每个人都有个内在的情绪容器。当有无法化解的情绪时，就会在情绪容器中积攒下来。当情绪容器在填满之前，人都是可以用理性去控制的。

情绪是本能，管理情绪是本领。情绪稳定的人不是没情绪，而是他的情绪容器容量大。情绪管理不是一味地克制负面情绪，更重要的是修炼情绪容器的容量。

识别情绪容器临界点

自我情绪管理首先需要学会识别自己的情绪容器是否达到临界点，可以从以下三个维度去判断。

第一，小事引发大情绪。当发现因为一点小事就爆发了特别强烈的负面情绪，说明你的情绪容器已经装得太满。正如你在吃饭前先吃了两块面包垫肚子，回家后喝了一碗汤就饱了，不能说是因为这碗汤让你吃饱的。

比如客户服务中心接线岗客服，他们电话往往是一个接一个，一个电话结束另一电话又进线了。若前面电话产生的负面情绪一直累加不及时舒缓，那么后面接听投诉时，可能客户不经意间的一句质疑就会将客服人员的情绪引爆。

若出现类似情况，说明你的情绪容器需要及时清空。此时不妨放一放自己手上的工作，调整一下自己的状态。带着满负荷情绪容器处理投诉，还需要安抚投诉客户，情绪碰撞无疑会阻碍投诉顺利处理。

第二，负面情绪爆发频率高。在较短的一段时间内，抑制不住地经常出现负面情绪，说明已经触达情绪临界点。

第三，负面情绪不可预测。不知道自己因为什么事情何时会爆发负面情绪，给人一种"说着急就着急"的感觉。

识别情绪容器临界点三维度

小事引发大情绪
负面情绪爆发频率高
负面情绪不可预测

大家回想一下是否在工作生活中出现以上三种状态？其实每个人都会经历易被激怒的时候，掌控自己情绪的前提是我们能察觉自己的情绪临界点，感知它，分析它，找出情绪背后的原因，往往情绪就已消散不少。找办法解决，及时清理情绪容器并修炼情绪容器上限。

安抚你的杏仁核

以下这幅图是人大脑右面的剖面图，中间是杏仁核，他是情绪总司令。外围是大脑皮质，主要掌管逻辑思考、学习功能。很有意思的是，这两部分不能同时工作。

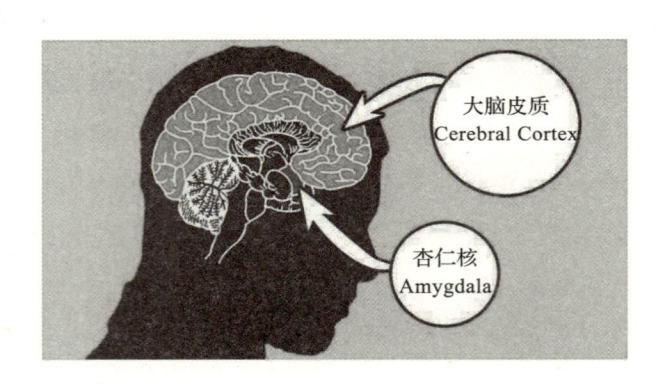

大脑皮质 Cerebral Cortex

杏仁核 Amygdala

客户服务行业经常会说，一定要先处理客户情绪，再处理客户问题。究其原因，从生理学角度来看，当情绪上头时是杏仁核在工作，大脑皮质是休息状态。当情绪占据了头脑，负面情绪容易让人失去理智。我们只有安抚好客户情绪，才能更好地调动对方大脑皮质部分去处理问题。

先处理客户情绪，**再**处理客户问题。

第八章 情绪管理力，修炼自我情绪容器

- 调整呼吸安抚杏仁核。

人在负面情绪当中，呼吸往往短浅并急促，会让人无法获得足够的氧气。这样不利于大脑及时舒压。用调整呼吸的方式来舒缓神经，让你的深呼吸变得深入和缓慢，五秒完成一个呼吸的过程，使更多的氧气进入体内，让大脑渐渐回归理性。

呼吸的同时可以带入冥想或自我对话。冥想时将你的意识专注到你身体需要关照的各个部位，在心中与自我对话：我可以感觉到我的呼吸、我紧锁的眉头、我的心跳……虽然我有些焦虑（紧张、害怕），但我有能力让自己慢慢地沉静下来，只要我好好照顾自己，事情必定会顺利。调整自己的呼吸，关照自己的内在情绪，给自己的情绪降温。

- 用思考调用大脑皮质。

情绪上头时主要是我们的情绪在工作，大脑皮质主要掌管逻辑思考与学习，此时不妨去思考问题充分调动大脑皮质，发挥理性的影响力。我们可以分析下问题原因、解决办法等，任何问题都可以。不用顾虑思考的对错，思考这个动作本身就是在调用你的理性，借助思考帮你从情绪中抽离。

- 用行动代替焦虑。

情绪急救可用冷静分析调动大脑皮质工作，安抚情绪。但如果是长时间在负面情绪中走不出来，此时不妨用行动代替焦虑。迈出一步向他人寻求帮助与支持；通过学习探究解决办法；做认为正确的事，尝试去实现目标。不要长时间将问题处理的进度停留在想，想永远是问题，只有开始行动才是真正解决问题。用行动代替焦虑，用行动避免精神内耗。

情绪 ABC 理论

小学时我们就学过因果关系，儿时老师也曾让我们用因果关系造句，诸如"正因为下雨，所以他才没去小王家。""因为今天作业多，所以不出去玩。""因为他很努力，所以学习成绩好。"

现在工作中我们也经常用因果关系做着类似的造句。例如，"因为这个投诉客户太纠结了，所以我也没办法。""因为这个客户要求太高，所以我们不可能让客户满意。""因为我权力有限，所以我也无能为力。"

以上表达不能说错了，毕竟存在即合理。但在成年人的世界，不仅要考虑事件结果的外部归因，更要向内思考我们能掌控什么，我们能做些什么来更积极面对问题。

像《当代年轻人现状》这首歌里唱的，有的年轻人常常觉得"摆又摆不烂，卷又卷不赢，躺又躺不平，学又学不进"。但不管身处何种逆境，不管当下多么无能为力，我们都有一项他人无法剥夺的权利：选择积极信念。

美国心理学家埃利斯在 20 世纪 50 年代提出了情绪 ABC 理论，他认为：人不是为事情困扰着，而是被对这件事的看法所困扰。只要我们改变对事物的认知，就会获得不一样的心境。你的思考方式决定了你的感受。

情绪 ABC 理论中 A 指的是激发事件（Activating Event），B 指信念（Belief），C 指事情的结果（Consequence）。

通常，人们会认为自己的情绪和行为都是因为事件本身而产生的，而情绪 ABC 理论认为是 A 引发 B，又由 B 引发 C，也就是说 A 并不是 C 的直接原因，如图 8-1 所示。由此可以了解到，任何一种结果的发生，除了受激发事件的影响外，更重要的还取决于信念。信念会影响行动，从而可能产生截然不同的结果。

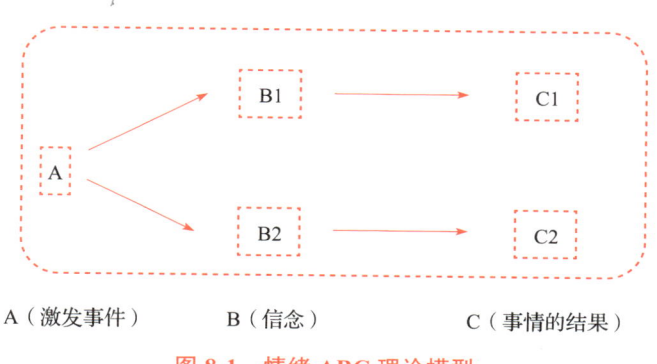

```
      ┌─────────────────────────────────────┐
      │         → B1 ───→ C1                │
      │   A                                 │
      │         → B2 ───→ C2                │
      └─────────────────────────────────────┘
    A（激发事件）   B（信念）      C（事情的结果）
```

图 8-1　情绪 ABC 理论模型

投诉是否会让人苦恼、有多苦恼，很大程度上取决于如何看待它。有时即使情况还没有那么糟糕，消极、自我挫败的思考方式也会让人烦心。或许可以将投诉处理的不顺利归咎于客户的不认可。但实际上是人的信念和认知选择了这种烦恼。不是要消除所有不愉快的情绪，而是对投诉做出恰当的反应。

需要注意的是，情绪 ABC 理论需要我们"积极思考"，还需要相信它们可实现，不然积极信念只是美好愿望罢了。

> 不是要消除所有不愉快的情绪，
> 而是对投诉做出恰当的反应。

倒数情绪降温法

美国心理学家罗纳德博士研究发现，人类暴风雨般情绪的持续时间，往往不会超过十二秒。在情绪排山倒海袭来时，不妨在心里试着慢慢倒数十二个数。倒数是有效暂停当下情绪，让自己的大脑进入有序思考状态的调节方法。倒数的过程可以让自己逐渐冷静下来，给当下的负面情绪即刻降温。

用倒数给情绪降温。

倒数情绪降温法使用注意事项如下。
- 适用于非面对面投诉处理。

面对面投诉处理中，如果你在心里默念倒数舒缓自己情绪，客户可能会觉得你长时间无应答，不搭理他。同时，面对面的场合更不方便当场倒数出声。所以，这种方式更适用于电话、WebChat、邮件等形式的远程服务。

- 不可以正数。

正数往往是行为指令。比如"一、二、三，开始！""一、二、三，跑！"而且正数往往没上限，这样一直数下去效果不佳，不利于情绪快速降温。

- 控制倒数的数字量。

倒数数字量不要太多，比如从一百开始只是给自己徒添不悦，让自己越数越烦，只会适得其反。

矛盾意向法

矛盾意向法由心理学家维克多·弗兰克提出。矛盾意向法就是努力去做那些让你害怕的事情，去悦纳它的发生。把对情绪抑制变成有意识地允许。这一方法是以先发制人的方式克服对挫折的预期焦虑，使人松弛应对各种问题。

在一次中国女排比赛前，教练告诉队员这场比赛其实已经输了，结果女排姑娘们放开以后，翻盘赢得了比赛。矛盾意向法告诉我们不要和压力及负面情绪对抗，想办法让自己担忧的事提前发生，让自己先落地，触底反弹，做最坏的打算，向最好的方向去努力。

在投诉处理中，当察觉到自己的负面情绪，也意识到负面情绪会激发客户不满时，我们本能地会想克制情绪爆发，但事实是情绪容器已满，堵不住外溢的情绪，只会让情绪容器爆炸后使负面情绪倾泻而出。此时要有意识地允许自己有情绪，并有意识地把情绪表达出来。

比如面对客户不当言辞时，可以合理表达自己的情绪，像"我们通话是有录音的，请注意下您的言辞""我们办公现场也是有录像的，请您注意您的言行。"合理表达情绪就是在释放自己的压力。

> 合理表达情绪就是在释放自己的压力。

降低重心法

我们会发现在工作、生活中，当情绪难以抑制时，容易下意识拍案而起。心理学研究发现，人在情绪激动时，往往会通过抬高重心让自己显得强大。所以可以借助降低重心的物理手段稳定情绪。

> 借助降低重心的物理手段稳定情绪。

在呼叫中心工作现场，可以发现有些客服人员在接听电话过程中，情绪上头直接站起来跟客户讲话，最后声音越来越大，像和客户吵架一样。电话客服人员不与客户面对面，站起来接听电话客户虽然看不到，但不好的情绪状态客户是可以听到的。做客服工作，随时需要面对和处理客户情绪，此时一定要坐着接听电话，坐着的降低重心状态更容易舒缓自己的情绪。

不知大家是否有留意，客户到银行网点去投诉，为避免不良事态在营业厅现场发酵，大堂经理受理客户问题后往往会引导客户到贵宾室继续沟通。在表达对客户重视的同时，相较于大堂椅子，贵宾室沙发更舒适。当客户坐下来喝茶沟通时，已经是在做客户情绪管控了。

价值让渡法

客户让渡价值是指客户总价值和客户总成本之间的差额。客户总价值是指客户购买某商品或服务所期望获得的利益。客户总成本则是客户为获取某商品或服务所花费的精力、时间和金钱。

比如两家网店卖同一个商品，在价格一样情况下，一家提供运费险，另一家不提供。前一家让客户购买更安心，就更有可能争取到客户。

客户价值让渡不仅仅是利益让渡，亦是情绪价值让渡。以退让或认同方式使对方产生获得感，从而减缓彼此在情绪中的对抗。在职场中曾经遇到一位领导可谓将价值让渡法用到极致。上级在布置下级工作任务时，她总是能让同人愉快接受或难以拒绝。每次布置任务时最后她都会带上一句"谢谢"。员工做自己本职工作是职责所在，但领导每次一句"谢谢"，让员工读到的是管理者对他们工作付出的认可，他们的辛勤付出领导是看得到的，员工做工作时也会竭尽全力做好。

良言一句三冬暖，恶语伤人六月寒。客户投诉其实也是有寄希望于投诉处理人员能解决问题，如果常把"您请讲""谢谢您""不好意思""您说的是"这类敬语用于沟通中，客户感知到对他的重视与尊重，心情自然也会好些，也能更好地减少投诉处理中彼此的情绪内耗。

需要注意的是，投诉处理中的价值让渡更多的是情绪价值让渡给对方，情绪以外的原则性问题不能退让。

> 客户价值让渡不仅仅是利益让渡，亦是情绪价值让渡。

归零复位技术

客户投诉时常常诸多抱怨，要是轻易打断或者直接辩解，客户听到的只会是投诉处理人员不认同他，不尊重他，容易激化矛盾。等客户说完后，用归零复位技术给客户认知纠偏，转述对方的意思，同时传递自己的观点。

例如，"您刚才说的是不是……，这个意思？"你可以从便于解决问题的角度，在对方说的话的基础上做一番修改，传递你的观点，以便降低对方抵触情绪，促进投诉问题的解决。

> 用归零复位技术给客户认知纠偏。

欣赏式探寻

人是很特殊的一种动物。如果输入肯定、赞赏的信息，不仅感到高兴、得意，还增进了彼此之间的关系，而且真的有可能朝着这种积极的方向去发展；如果传导否定、批评的信息，不仅感到挫折、压抑，还可能会激起强烈的"自我防卫"心理，拒人于千里之外，而且事情也许真的会朝着这种消极的方向去发展。

欣赏式探询（Appreciative Inquiry），其原本是用于心理学的一种思想，现在被广泛用于管理中，变成了一种以积极激发、动员、探询优势为导向的组织发展和变革的管理方法。它承认组织和个体身上未被开发的无限潜能；认为系统会朝着内心深处最关切、最经常探询的方向成长与突破。换句话说，欣赏式探询是一种思考方式，发现身边美好的一面，预设为可能的样子，并引导向积极状态发展。

在投诉管理工作中，各企业都会建立投诉案例库，案例库里往往少不了投诉处理不当等问题案例。在职场中，也经常听到投诉处理人员会相互探讨复杂难处理投诉案例，还有不好沟通的客户。不管是投诉管理还是投诉处理，不仅要关注问题点，也需要以欣赏式探询思考方式去发现与分享优秀投诉处理案例、趣味投诉案例、感动投诉案例。你有一个苹果，我有一个苹果，我们交换互得的还是苹果。但是你有一个趣味投诉案例，我有一个感动投诉处理案例，大家交换互得的是更多快乐和感动。

趣味案例锦集

【前妻来查我】

客户致电客服查询之前反馈问题处理的进度。

客户："你好！我的问题处理到什么进度了？"

客服："您前期（前妻）反馈的问题，我们正在查实处理中。"

客户："什么我前妻打电话来查我？"

【我的死期到了】

一位青岛老大爷致电银行客服热线查询定期到账情况。

客服："您好，请问有什么可以帮您？"

大爷："姑娘，我死期（定期）到了！快帮我看看！"

【我是狐狸精】

客服记录工单受理客户的投诉，需要询问并记录客户关键信息。

客服："您反馈的投诉问题，我这里第一时间受理下来。为了确保问题快速无误处理，需要记录下您的个人信息。请问您的姓名？"

客户：……（沉默不语）

客服："请问您的姓名？"

客户："狐狸精（客户小声回答道）。"

客服："胡是古月胡吗？"

客户："对，狸精就是狐狸精的狸精。"

第八章 情绪管理力，修炼自我情绪容器

【我的桌面上没有你的电脑】

一位年长的先生致电客服咨询电脑操作事宜。

客服："先生，麻烦您在'桌面'上点一下'我的电脑'。"

客户："我的桌面上没有你的电脑啊！"

【讲英文】

一位客户致电客服热线反馈问题，客户全程说方言。客服与客户沟通不畅，于是只能先记录客户的问题。

客户："哎呀，我的姐姐，实在跟你沟通不了。"

客服："抱歉给您带来不好体验，我这里先受理记录下您的问题，后续会有专人给您回复好吗？"

客户："好吧！好吧！"

客服："先生请问您的姓名？"

客户："蒋鹰文（讲英文）。"

客服："麻烦您提供下您的姓名！"

客户："我不跟你说了嘛，我的个姐姐，蒋鹰文（讲英文）！"

客服："OK，what's your name？"

【我把窗户都关了】

顾客是一位老先生，在官网购买商品后不会操作，于是联系客服人员指导。

顾客："喂，我在你们网上买东西，一直有些视频广告播放，我不知道怎么购买商品！"

客服："好的，我指导您一步步操作，您可以先把这些窗口都关掉。"

顾客：……（突然长时间无应答。）

客服："您好，您操作到哪一步了？还在吗？"

顾客："姑娘，我已经把家里窗户都关了，再怎么操作啊？"

一个例子 【先生您很会生啊】

某消费金融企业的一位电销客服（刚上岗的新人）外呼客户核实确认关键信息。客户是广东的一位老先生，普通话沟通有些困难。

客服："您好，这里是××公司工作人员，之前您申请了我司消费贷，为尽快审核您的申请，还需跟您确认以下一些信息。"

客户："嗯，你说吧！"

客服："麻烦您提供下您直系亲属的联系方式，谢谢。"

客户："啊？我听不懂啊！你会不会说普通话啊，叫你们领导来说吧，换个人讲！"

客服（找主管但不在工位）："先生，我们主管现在也和客户沟通中，我慢点和您说。麻烦……您……提供一下……**直系……亲属……的联系方式**（特别用重音强调）。"

客户骄傲且开心地回复："你早说嘛，直系亲属啊，我告诉你，我生的都是儿子啊！"（客户只听进去了直系亲属，其他都忽略了）

客服（培训时老师说要同理客户，于是客服尝试认同对方）："先生，您好会生啊！"

客户（更开心了）："我跟你说啊，我的儿子也都生的儿子啊！"

客服："那您儿子也好会生啊！"

客服人员深知与客户表达同理心的重要性，如何更专业地表达同理心可参看本书第四章内容。

以上趣味案例都源自行业同人工作日常，我用文字整理出来抛砖引玉。期待行业同人在职场中多多分享趣味案例、感动案例，让企业投诉管理案例库也多一些趣味案例、感动案例类目，让快乐和感动在职场发酵。工作快乐不会从天而降，需要我们一同欣赏式探寻。